DIREITO AMBIENTAL

SÉRIE ESTUDOS JURÍDICOS: DIREITO PÚBLICO

Bettina Augusta Amorim Bulzico Battaglin

Rua Clara Vendramin, 58 . Mossunguê . Cep 81200-170 . Curitiba . PR . Brasil
Fone: (41) 2106-4170 . www.intersaberes.com . editora@intersaberes.com

Conselho editorial Dr. Ivo José Both (presidente), Dr. Alexandre Coutinho Pagliarini, Drª Elena Godoy, Dr. Neri dos Santos, Dr. Ulf Gregor Baranow ▪ **Editora-chefe** Lindsay Azambuja ▪ **Gerente editorial** Ariadne Nunes Wenger ▪ **Assistente editorial** Daniela Viroli Pereira Pinto ▪ **Preparação de originais** Fabrícia E. de Souza ▪ **Edição de texto** Letra & Língua Ltda., Monique Francis Fagundes Gonçalves ▪ **Capa** Luana Machado Amaro ▪ **Projeto gráfico** Mayra Yoshizawa ▪ **Diagramação** Luana Machado Amaro ▪ **Equipe de design** Luana Machado Amaro, Sílvio Gabriel Spannenberg ▪ **Iconografia** Regina Claudia Cruz Prestes

EDITORA AFILIADA

Dados Internacionais de Catalogação na Publicação (CIP)
(Câmara Brasileira do Livro, SP, Brasil)

1ª edição, 2021.

Foi feito o depósito legal.

Battaglin, Bettina Augusta Amorim Bulzico
Direito ambiental/Bettina Augusta Amorim Bulzico Battaglin. Curitiba: InterSaberes, 2021. (Série Estudos Jurídicos: Direito Público)

Informamos que é de inteira responsabilidade da autora a emissão de conceitos.

Bibliografia.
ISBN 978-85-227-0334-0

1. Direito ambiental 2. Direito ambiental – Brasil 3. Direito ambiental – Legislação – Brasil 4. Política ambiental – Brasil 5. Responsabilidade civil – Brasil I. Título. II. Série.

21-75756   CDU-34:502.7(81)

Nenhuma parte desta publicação poderá ser reproduzida por qualquer meio ou forma sem a prévia autorização da Editora InterSaberes.

A violação dos direitos autorais é crime estabelecido na Lei n. 9.610/1998 e punido pelo art. 184 do Código Penal.

Índices para catálogo sistemático:
1. Brasil: Direito ambiental   34:502.7(81)
Cibele Maria Dias – Bibliotecária – CRB-8/9527

Sumário

7 ▪ Apresentação

Capítulo 1
11 ▪ **Introdução ao direito ambiental**
12 | O uso dos termos *meio ambiente* e *ambiente*
18 | Surgimento e autonomia do direito ambiental
31 | Princípios do direito ambiental
43 | Meio ambiente como direito fundamental
59 | Competências constitucionais em matéria ambiental

Capítulo 2
65 ▪ **Política Nacional do Meio Ambiente (PNMA)**
66 | Contextualização da PNMA
68 | Objetivos e princípios da PNMA
76 | Sistema Nacional do Meio Ambiente (Sisnama)
85 | Instrumentos da PNMA
95 | Licenciamento ambiental
109 | Avaliação de impactos ambientais

Capítulo 3
115 ▪ **Responsabilização por danos ambientais**
116 | Sociedade de risco e meio ambiente
119 | Abrangência do conceito de dano ambiental

127 | Responsabilidade civil em matéria ambiental
134 | Defesa processual do meio ambiente
142 | Responsabilidade administrativa em matéria ambiental
146 | Responsabilidade penal em matéria ambiental

Capítulo 4
157 ▪ **Tutelas específicas do meio ambiente**
160 | Espécies de unidades de conservação
177 | Criação de uma unidade de conservação
178 | Código Florestal
184 | Cadastro Ambiental Rural (CAR)
185 | Política Nacional de Recursos Hídricos
200 | Tributos verdes
206 | Proteção do meio ambiente cultural

221 ▪ *Considerações finais*
223 ▪ *Referências*
235 ▪ *Sobre a autora*

Apresentação

O meio ambiente é essencial para a existência de vida, e sua proteção propicia não só qualidade de vida, mas também saúde. Assim, as questões pertinentes ao tema devem ser objeto de análise do direito humano ao meio ambiente ecologicamente equilibrado. É certo que a tutela do meio ambiente evoluiu muito nas últimas décadas: as normas tornaram-se mais rígidas e a tutela passou de uma visão de bem meramente econômico para uma proteção holística e *status* de bem jurídico:

> Diante dessa dimensão, os países estão concentrando esforços no sentido de desenvolver programas e firmar tratados na tentativa de evitar uma maior degradação ambiental e reverter

a previsão de um planeta inabitável. Nesse sentido, o trabalho da diplomacia tem sido intenso a fim de convencer os poluidores, da importância de um plano de ação que preserve o meio ambiente em condições habitáveis, conciliando o desenvolvimento industrial e o ganho econômico cada vez maior com a proteção ambiental. (Bulzico, 2009, p. 15)

O ramo do direito que se preocupa em tutelar o meio ambiente e o adequado uso dos recursos naturais é o direito ambiental. Outros ramos do direito também expõem sua preocupação com o meio ambiente, mas é este, o direito ambiental, que se dedica a tratar das normas de proteção desse bem jurídico de maneira holística e integrada.

Portanto, para apresentarmos as principais informações desse importante ramo do direto, dividimos a presente obra em quatro capítulos.

O primeiro capítulo é uma introdução ao direito ambiental, no qual analisamos o conceito de meio ambiente e sua abrangência, bem como a evolução desse ramo do direito, destacando os princípios essenciais da matéria. Discutimos, ainda, a tutela constitucional do meio ambiente e as regras que tratam esse bem jurídico como um direito fundamental. Para finalizar o capítulo, abordamos a divisão de competências em matéria ambiental.

No segundo capítulo, tratamos da Política Nacional do Meio Ambiente (PNMA), seu sistema e seus instrumentos. Iniciamos com a análise da Lei n. 6.938, de 31 de agosto de 1981. Em seguida, apresentamos a estrutura do Sistema Nacional do Meio Ambiente

(Sisnama). Depois, examinamos mais detalhadamente os instrumentos empregados pelos órgãos ambientais para a proteção do meio ambiente, enfatizando o licenciamento ambiental e o estudo de impacto ambiental.

No terceiro capítulo, refletimos sobre a responsabilização por danos ambientais. Além do conceito inicial de dano ambiental, explicamos as três formas de responsabilização previstas no art. 225, parágrafo 3º, da Constituição Federal: responsabilidade civil, responsabilidade administrativa e responsabilidade penal. Questões de ordem processual, bem como o papel do Ministério Público, também integram nossa análise.

No quarto e último capítulo, evidenciamos as tutelas específicas do meio ambiente. Sem o intuito de esgotar o tema, abordamos algumas normas específicas de proteção de recursos naturais em espécie. Inicialmente, contemplamos as regras do Sistema Nacional de Unidades de Conservação da Natureza (SNUC). Em seguida, elucidamos os institutos do Código Florestal, mais especificamente a área de preservação permanente e a reserva legal florestal. Adiante, tratamos da Política Nacional de Recursos Hídricos, apresentamos uma breve análise dos tributos verdes e encerramos o capítulo com apontamentos acerca da proteção do meio ambiente cultural.

Com este livro, pretendemos expandir nosso conhecimento acerca do meio ambiente sob várias perspectivas. Ao final, esperamos que você possa perceber a imprescindibilidade de um ambiente saudável em nossas vidas, bem como a necessidade de pensarmos em regras que permitam compatibilizar esse relevante bem jurídico com outros aspectos da realidade atual. Em outros termos, os benefícios proporcionados pela indústria, pelo comércio, pelas tecnologias etc. também têm importância no nosso cotidiano, pois é difícil imaginar a vida atual sem todas essas facilidades. Entretanto, de nada adianta refletir sobre esses aspectos sem considerar as diretrizes do direito ambiental para implementar o tão almejado desenvolvimento sustentável.

Capítulo 1

Introdução ao direito ambiental

Você sabe qual é o conceito de meio ambiente? A definição não se limita à relação com a fauna e a flora. Existem outros aspectos muito importantes, que veremos a seguir. Um bom conceito de meio ambiente é a chave para compreender o objeto de tutela do direito ambiental.

Neste capítulo, portanto, vamos ampliar nosso conhecimento a respeito do meio ambiente sob diversos prismas e analisar as normas constitucionais e infraconstitucionais que determinam regras e princípios para sua proteção.

— 1.1 —
O uso dos termos *meio ambiente* e *ambiente*

Neste ponto, é oportuno estabelecer a distinção entre *meio ambiente, ambiente* e *ecologia*. Os termos *meio ambiente* e *ambiente* compreendem as relações entre o homem e seu meio ambiente natural, artificial, cultural ou do trabalho. Logo, o conceito de meio ambiente mostra a existência de quatro aspectos: o meio ambiente artificial, constituído pelo espaço urbano construído (como edificações privadas e públicas, equipamentos públicos, ruas e praças); "o meio ambiente cultural, integrado pelo patrimônio histórico, artístico, arqueológico, paisagístico e turístico, e o meio ambiente natural ou físico, que trata da relação dos seres vivos e seu meio" (Silva, 2019, p. 21); o meio ambiente do trabalho, tema de estudo e tutela do direito do trabalho.

Em sua concepção internacionalista, objeto do presente estudo, o meio ambiente é um fenômeno que desconhece fronteiras,

>pois os ecossistemas ou os elementos protegidos situam-se em espaços locais, portanto, dentro de um país (por exemplo: as espécies animais e vegetais em perigo de extinção, que vivem em determinado país, ou os recursos da biodiversidade, cuja preservação é do interesse de toda humanidade), em espaços sub-regionais (por exemplo: os rios transfronteiriços e lagos internacionais, cuja preservação não pode ser deixada aos cuidados de um único país), em espaços regionais (como os mares que banham vários países e nos quais realiza a pesca internacional, que não se encontra restrita só aos países ribeirinhos) e, enfim, mesmo no espaço global de toda a Terra (como a preservação da camada do ozônio ou a regulamentação das mudanças do clima da Terra causadas por fatores humanos, mediante a emissão dos gases de efeito estufa. (Guerra, 2006, p. 21)

Assim, a expressão comumente utilizada para representar a preocupação jurídica com as questões ambientais e regular as condutas humanas relacionadas ao tema é *direito ambiental* ou *direito do meio ambiente*. Essas denominações são maleáveis, tanto que, em diversos idiomas, apresentam certa variação na forma de se externar, sem perder o sentido. São exemplos: *droit de l'évironnement* (francês); *diritto de l'ambiente* (italiano); *umweltsrecht* (alemão); *environment law* (inglês); *derecho del ambiente* (espanhol).

A prática linguística adotada no Brasil, com o uso do termo *meio ambiente*, resulta em expressões sinônimas ou ao menos redundantes. Esse defeito é decorrente da recepção do termo, em seu uso cotidiano, para significar o conjunto de coisas que rodeiam e condicionam a vida do homem. Entretanto, Milaré (2001, p. 23) afirma que "tanto a palavra *meio* como o vocábulo *ambiente* passam por conotações diferentes, quer na linguagem científica quer na vulgar. Nenhum destes termos é unívoco (detentor de um significado único), mas, ambos, são equívocos".

Meio pode ter o sentido de metade; pode referir-se também a um contexto social. Já *ambiente* relaciona-se a um espaço geográfico, social, físico ou psicológico, natural ou artificial (Sousa, 2017). Por isso, a expressão *meio ambiente* não é redundante; foi escolhida pela doutrina, pela legislação e pela jurisprudência nacionais para se referir ao objeto de estudo do direito ambiental.

— 1.1.1 —
Definição legal de meio ambiente

A definição de meio ambiente é essencial para possibilitar o efetivo cumprimento do dispositivo constitucional. A referência legal do conceito de meio ambiente está contida na Lei n. 6.938, de 31 de agosto de 1981, que trata da Política Nacional do Meio Ambiente (PNMA), e que, em seu artigo 3º, inciso I, define meio ambiente como "o conjunto de condições, leis, influências e interações de ordem física, química e biológica, que permite, abriga e rege a vida em todas as suas formas" (Brasil, 1981).

Cumpre ressaltar que a conceituação trazida pela legislação anteriormente citada é alvo de muitas críticas, pois se limita ao elemento biológico e, portanto, deixa de considerar aspectos sociais e culturais, uma parcela importante do meio ambiente no conceito jurídico.

— 1.1.2 —
Modalidades (ou concepções) do meio ambiente

A Constituição Federal de 1988 trouxe metas de proteção ambiental, mas não definiu o que vem a ser meio ambiente. A tarefa ficou a cargo dos doutrinadores. Assim, com base na Lei n. 6.938/1981 e nas previsões constitucionais, muitos doutrinadores ambientalistas definem *meio ambiente* como um objeto amplo dotado de aspectos específicos. É consenso que o conceito é composto da concepção natural, cultural, do trabalho e artificial. A seguir, veremos suas definições.

O **meio ambiente natural**, previsto no art. 3º, inciso I, da Lei n. 6.938/1981, é aquele percebido como original e puro, do qual os seres humanos estão dissociados e com o qual devem aprender a relacionar-se. As palavras-chaves e imagens que vêm à mente são *meio natural, plantas* e *animais*. Esses recursos devem ser gerenciados de forma sustentável, de modo a assegurar qualidade de vida para as gerações presente e futuras.

O **meio ambiente cultural** pode ser definido como o conjunto de bens tangíveis ou intangíveis ligados à memória de grupos que compõem a sociedade brasileira. Tais bens estão elencados no art. 216 da Constituição Federal, e o tombamento é a principal forma de proteção:

> Art. 216. Constituem patrimônio cultural brasileiro os bens de natureza material e imaterial, tomados individualmente ou em conjunto, portadores de referência à identidade, à ação, à memória dos diferentes grupos formadores da sociedade brasileira, nos quais se incluem:
>
> I - as formas de expressão;
>
> II - os modos de criar, fazer e viver;
>
> III - as criações científicas, artísticas e tecnológicas;
>
> IV - as obras, objetos, documentos, edificações e demais espaços destinados às manifestações artístico-culturais;
>
> V - os conjuntos urbanos e sítios de valor histórico, paisagístico, artístico, arqueológico, paleontológico, ecológico e científico.
>
> § 1º O Poder Público, com a colaboração da comunidade, promoverá e protegerá o patrimônio cultural brasileiro, por meio de inventários, registros, vigilância, tombamento e desapropriação, e de outras formas de acautelamento e preservação.
>
> § 2º Cabem à administração pública, na forma da lei, a gestão da documentação governamental e as providências para franquear sua consulta a quantos dela necessitem.
>
> § 3º A lei estabelecerá incentivos para a produção e o conhecimento de bens e valores culturais.

§ 4º Os danos e ameaças ao patrimônio cultural serão punidos, na forma da lei.

§ 5º Ficam tombados todos os documentos e os sítios detentores de reminiscências históricas dos antigos quilombos.

§ 6º É facultado aos Estados e ao Distrito Federal vincular a fundo estadual de fomento à cultura até cinco décimos por cento de sua receita tributária líquida, para o financiamento de programas e projetos culturais, vedada a aplicação desses recursos no pagamento de:

I - despesas com pessoal e encargos sociais;

II - serviço da dívida;

III - qualquer outra despesa corrente não vinculada diretamente aos investimentos ou ações apoiados. (Brasil, 1988)

O **meio ambiente do trabalho** corresponde ao local de determinada atividade laboral. Cabe ao direito do trabalho estabelecer normas que tutelem a segurança e a saúde dos trabalhadores em seu ambiente de trabalho. Tais normas abrangem a proteção contra todas as formas de degradação e/ou poluição geradas no ambiente laboral. A Constituição Federal, em seu art. 200, definiu que é dever do Sistema Único de Saúde (SUS), entre outras coisas, a tutela do meio ambiente do trabalho:

Art. 200. Ao sistema único de saúde compete, além de outras atribuições, nos termos da lei: [...]

VIII - colaborar na proteção do meio ambiente, nele compreendido o do trabalho. (Brasil, 1988)

O **meio ambiente artificial** é compreendido pelo espaço urbano construído, que consiste no conjunto de edificações (chamado de *espaço urbano fechado*) e nos equipamentos públicos (denominados *espaço urbano aberto*). Encontra-se normatizado nos arts. 182 e 183 da Constituição Federal e na Lei n. 10.257, de 10 de julho de 2001 (Estatuto da Cidade).

Tais concepções têm finalidade pedagógica e podem variar conforme o autor. Alguns defendem a existência de outras definições, como de meio ambiente biológico. Para nosso intento, o fato importante é que as modalidades são indissociáveis na prática.

— 1.2 —
Surgimento e autonomia do direito ambiental

Comparado com outros ramos, o direito ambiental é algo recente, porque, por muito tempo, foi considerado uma preocupação de menor importância. Por longas décadas, outras situações tiveram a atenção político-jurídica no cenário nacional, tais como povoar e integrar o vasto território ou gerar empregos e fortalecer o processo de industrialização. Assim, a proteção do meio ambiente como bem jurídico passou a ter papel de destaque com a Constituição Federal de 1988.

A seguir, veremos como a proteção ambiental evoluiu no decorrer do tempo, no Brasil e no mundo.

— 1.2.1 —
Evolução jurídica da proteção ambiental

Conforme mencionamos anteriormente, por muito tempo as normas ambientais careceram de instrumentos eficientes e de aplicação prática. Isso ocorreu, em grande parte, em razão da concepção que prevaleceu até o início do século XX de que tais recursos, compreendidos como fontes de bens econômicos, e não como bens jurídicos, seriam suficientes para atender às demandas de toda a humanidade. A ideia de que seria fácil reconstituí-los após qualquer forma de poluição provocada promoveu o uso descontrolado em prol do desenvolvimento e dos avanços industriais e tecnológicos.

A percepção de que esses elementos eram limitados despontou com a ecologia, criada por Ernst Haeckel, em 1886 (Haeckel, 1994), sem considerar, necessariamente, a presença do homem. A evolução dessa ciência permitiu um estudo multidisciplinar, voltado à compreensão sistemática das relações entre os seres vivos e o meio.

Mesmo assim, diante da perspectiva de se considerar o homem como um fim em si mesmo, as sociedades ainda careciam de normas de aplicação prática para proteção ambiental. O arcabouço legislativo do início do século XX caracterizava-se pela visão antropocêntrica e utilitarista, estritamente vinculada a fatores econômicos e com abrangência local. Pretendia tutelar apenas as situações emergenciais ou catastróficas, sem qualquer teor preventivo e sancionador efetivos. Além disso, as questões ambientais eram tratadas de maneira fragmentada, e não de forma ampla e conjunta.

Alguns avanços aconteceram no período entre guerras, momento em que a prática da diplomacia multilateral foi incrementada, especialmente nas organizações internacionais que despontavam, tal como a Liga das Nações, de 1919. A globalização econômica dessa época deu início a uma nova fase para o tratamento jurídico do meio ambiente. Nela, os objetos de regulamentação passaram a ser mais relevantes, já que as organizações internacionais participavam ativamente das discussões sobre a proteção ambiental por meio de tratados. Muitos desses acordos versavam sobre temas regulados internamente em cada um dos Estados e pretendiam ampliar seus campos de abrangência ao contar com a participação de um número cada vez maior de países.

Entretanto, os obstáculos para a proteção ao meio ambiente foram enormes, pois demandavam instrumentos internacionais ou intercomunitários, e não apenas a tomada de medidas, isoladamente, em cada Estado. Isso fez com que o direito, para resolver o impasse dos problemas ambientais, enfrentasse conflitos relacionados à soberania e à autodeterminação dos povos. Até então, os Estados, com seu direito de autodeterminação, faziam uso de seus recursos naturais da maneira como consideravam adequada, provocando, por vezes, danos ambientais cujos efeitos extrapolavam seus limites territoriais.

Após a Segunda Guerra Mundial, instaurou-se um sistema jurídico que busca a melhor convivência entre os integrantes da comunidade internacional por meio da cooperação internacional e da segurança coletiva. A criação da Organização das Nações Unidas (ONU) intensificou esse processo, e hoje as deliberações de sua Assembleia Geral representam fontes importantes para a proteção ambiental em âmbito internacional.

Aliado a isso, outros fatores contribuíram para o desenvolvimento de um sistema de proteção ambiental em escala global. Como exemplos, McCormick (1992, p. 69) cita:

> as altas taxas de crescimento da população mundial e consequentemente a necessidade de melhoria das condições sanitárias; o uso maciço dos recursos ambientais, causa da destruição de vários ecossistemas em todo o mundo, mas, principalmente, nos países desenvolvidos; os primeiros grandes acidentes de efeitos imediatos, com a destruição maciça de alguns meios; os modelos de simulação de impacto, que trouxeram a visão catastrófica do futuro da humanidade, anunciando o esgotamento de certos recursos biológicos e energéticos para o fim do século ou para um futuro não muito longínquo; e os efeitos adversos decorrentes da má utilização dos pesticidas e inseticidas químicos, os quais foram apontados por Rachel Carson em sua obra *Silent Spring* (1962).

Mais uma vez, o caráter transfronteiriço dos problemas impôs como solução o manejo coordenado de atores que, de outra forma, procurariam lidar autônoma e soberanamente com a situação. Na realidade, justamente porque não respeitam fronteiras geopolíticas é que tais problemas adquiriram dimensão internacional.

O caráter transfronteiriço dos danos ambientais ensejou a necessidade de um debate mundial acerca da proteção do meio ambiente. A partir dos anos 1960, com os países enfatizando a cooperação entre si, iniciaram-se os debates para delinear regras gerais em sede de tratado internacional. Ainda assim, até a década de 1970, a agenda internacional ambiental tinha como pauta a proteção estanque e circunscrita de certos elementos naturais, analisados separadamente. Eram objetos dessa tutela jurídica o manejo de águas, de recursos pesqueiros internacionais e da vida selvagem migratória, além da contenção de formas variadas de poluição.

O divisor de águas surgiu em 1972, na Conferência das Nações Unidas sobre o Meio Ambiente Humano (CNUMAH) em Estocolmo, na Suécia, momento em que se iniciou o processo de unificação conceitual da proteção dos recursos naturais, com a criação da categoria jurídica *meio ambiente*. Dali em diante, calcados nos princípios da Declaração de Estocolmo, os países passaram a rever suas leis internas para adequar os mecanismos de proteção ambiental às novas exigências da comunidade internacional. Nesse momento, a contribuição doutrinária auxiliou no reconhecimento de um novo sub-ramo do direito internacional público denominado *direito internacional ambiental*, dotado de autonomia e cujo objetivo é proteger e gerir seu próprio objeto: o meio ambiente como bem jurídico e como um dos principais direitos humanos.

Como veremos adiante, a Declaração de Estocolmo apresentou os fundamentos teóricos sobre os quais se estabeleceu a conexão entre proteção ambiental e direitos humanos. Desse modo, foi reconhecido que os direitos humanos só podem ser efetivados em um ambiente apropriado e com a obrigação de o homem proteger e melhorar a qualidade ambiental.

Assim, surgiram as primeiras regras para proteção do meio ambiente em âmbito mundial. O diferencial dessa etapa foi a inserção, principalmente com o Relatório Brundtland (1987), da preocupação com o aproveitamento do ambiente pelas gerações futuras. A abrangência do relatório não foi limitada aos interesses presentes, mas se estendeu ao futuro, indicando a necessidade de equilibrar o desenvolvimento e a utilização racional dos recursos naturais em razão do **direito intergeracional**.

Direito intergeracional

É uma expressão cunhada pela Declaração do Rio (1992), em seu Princípio n. 3: "O direito ao desenvolvimento deve ser exercido de modo a permitir que sejam atendidas equitativamente as necessidades ambientais e de desenvolvimento de gerações presentes e futuras" (Declaração..., 1992).

De acordo com Kiss e Beurier (1989, p. 15, tradução nossa),

> quando se fala em humanidade, deve-se entendê-la não somente no presente, mas também no futuro. As condições

de existência das gerações futuras (que serão cada vez mais numerosas, pelo menos durante algumas décadas) não devem ser mais desfavoráveis que aquelas herdadas dos predecessores. Esse direito das gerações futuras está, na realidade, inscrito em tudo o que diz respeito à proteção do meio ambiente e à preservação dos recursos naturais: a conservação só tem sentido em uma perspectiva temporal, caso contrário tudo poderia ser consumido e desperdiçado no presente.

— 1.2.2 —
Declaração de Estocolmo de 1972

Em 1968, o Conselho Econômico Social das Nações Unidas (da sigla em inglês Economic and Social Council — Ecosoc) propôs um encontro de países para debater um texto normativo geral e condizente a todos no intuito de unir esforços em prol da proteção ambiental. A Assembleia Geral aprovou e determinou o ano de 1972 para sua realização. No período que antecedeu a Conferência das Nações Unidas Sobre Meio Ambiente Humano e seu Futuro, em Estocolmo (Suécia), foi criada uma comissão preparatória, por indicação da Assembleia Geral, que realizou algumas sessões de debate.

Todavia, outras iniciativas prévias isoladas de teor conservacionista causaram maior impacto que as discussões da comissão. A principal foi o relatório intitulado *Os limites do crescimento*, desenvolvido por cientistas a pedido do Clube de Roma e publicado em vários idiomas, logo antes da Conferência de

Estocolmo. A teoria defendia o crescimento zero ou a paralisação do crescimento econômico, implicando taxas de desenvolvimento menos agressivas com a natureza e, consequentemente, reduzindo a degradação ambiental.

Clube de Roma

Grupo formado por pessoas ilustres com o objetivo de debater um vasto conjunto de assuntos relacionados à política, à economia internacional e, sobretudo, ao meio ambiente e ao desenvolvimento sustentável. Foi fundado em 1968 por Aurelio Peccei, industrial e acadêmico italiano, e Alexander King, cientista escocês.

Tornou-se um grupo muito conhecido com a publicação do relatório Os limites do crescimento, que vendeu mais de 30 milhões de cópias em 30 idiomas, tornando-se o livro sobre ambiente mais vendido da história. Esse relatório contemplou, essencialmente, problemas cruciais para o futuro desenvolvimento da humanidade, como energia, poluição, saneamento, saúde, ambiente, tecnologia e crescimento populacional.

Atualmente, a missão do Clube de Roma é agir como um catalisador de mudanças independente, global e não oficial. Seus objetivos são:

- identificar os problemas cruciais da humanidade e promover sua análise no contexto global, bem como a investigação de soluções alternativas e elaboração de cenários para o futuro;

- comunicar tais problemas aos principais responsáveis pela tomada de decisões nas esferas pública e privada e ao público em geral.

Além disso, o clube é regido por três princípios complementares:

1. perspectiva global, sob o qual analisa as questões com a consciência de que a crescente interdependência das nações e a globalização dos problemas exigem esforços além da capacidade de cada um dos países;
2. pensamento holístico, com a busca de uma compreensão mais profunda da complexidade dos problemas contemporâneos (políticos, sociais, econômicos, tecnológicos, ambientais, psicológicos e culturais);
3. perspectiva interdisciplinar de longo prazo, centrada sobre as escolhas políticas que determinam o destino das gerações futuras, uma vez que essa concepção é, muitas vezes, negligenciada pelos governos e por outras instâncias.

Para saber mais sobre o Clube de Roma, acesse <https://www.clubofrome.org/>.

Cinco pontos principais foram objeto da análise do relatório: a aceleração da industrialização; o rápido crescimento populacional; a fome; a diminuição da quantidade de recursos naturais não renováveis; a deterioração do meio ambiente. De todo o exposto, o estudo concluiu que, muito em breve, o sistema capitalista vai proporcionar um colapso global. A estimativa é de que, em menos de cem anos após a elaboração do relatório, o sistema econômico não conseguirá manter-se da maneira como anteriormente estabelecido em virtude do uso excessivo dos recursos naturais não renováveis.

O fato é que as consequências da publicação do relatório foram vivenciadas na prática. Embora seus preceitos não tenham vigorado como previsto, as manifestações sobre suas conclusões enfatizaram o cenário conflituoso entre as nações durante a Conferência de 1972. De um lado estavam os países desenvolvidos, que defendiam a redução do uso dos recursos naturais; de outro, os países em desenvolvimento, que necessitavam do uso intensivo dos recursos naturais para promover seu crescimento econômico.

A Conferência de Estocolmo foi realizada entre 5 e 16 de junho de 1972, com a participação de 113 países, 19 órgãos intergovernamentais e 400 outras organizações intergovernamentais e não governamentais. Dessa conferência, resultaram: um plano de ação para o meio ambiente com 109 recomendações (na forma de resoluções) relativas à avaliação do meio ambiente mundial (*Earthwatch*); uma resolução sobre aspectos financeiros e organizacionais no âmbito da ONU; a Declaração das Nações Unidas sobre o Meio Ambiente; a criação do Programa das Nações Unidas sobre Meio Ambiente (Pnuma).

O **Programa das Nações Unidas sobre Meio Ambiente (Pnuma)** centraliza ações nacionais e internacionais em prol da proteção ambiental, formando alianças com agências especializadas e com Estados. Sua criação não foi fácil, pois os países subdesenvolvidos posicionaram-se contrários por acreditarem que poderia ser um instrumento que frearia o desenvolvimento ao impor normas de controle ambiental. Embora não tenha atingido os ideais esperados, o Pnuma vem desenvolvendo ações de capacitação pessoal e elaborando políticas voltadas ao estabelecimento das convenções que promove.

Desde a Declaração de Estocolmo, é possível afirmar que se iniciou a proteção sistematizada do meio ambiente. Os princípios insculpidos na declaração foram incorporados aos ordenamentos internos dos países participantes, estimulando a formulação de instrumentos institucionais para sua proteção. Conforme Trindade (1993, p. 40): "Os anos seguintes à Declaração de Estocolmo testemunharam uma multiplicidade de instrumentos internacionais sobre a matéria, em nível tanto global quanto regional".

No que se refere à reação dos Estados quanto à conferência, Freitas (2000, p. 27) aponta que "é a partir daí que o mundo voltou os olhos para o tema emergente, o que acabou influindo decisivamente em reformas constitucionais, que foram concretizar-se, principalmente, na década de oitenta".

Portanto, podemos afirmar que a Declaração de Estocolmo trouxe uma oportunidade de identificar problemas ambientais e buscar soluções que conjuguem aspectos econômicos, sociais e políticos.

— 1.2.3 —
Fases do direito ambiental

Da análise dos períodos anteriores à Constituição Federal de 1988, observamos uma considerável evolução legislativa em matéria ambiental. Entre 1916 e 1930, as leis ambientais caracterizavam-se por defender interesses estratégicos, ainda que de forma tímida, e pela adoção de medidas isoladas voltadas à defesa da saúde pública e ao saneamento de áreas consideradas impróprias. De 1930 a 1980, a proteção ambiental passou a calcar-se no conceito de **interesse nacional** em contraposição aos interesses imperiais e privados. O período foi marcado pela edição dos códigos setoriais da década de 1930 e da primeira lei de proteção ao patrimônio histórico e artístico nacional, em 1937; pela criação dos primeiros parques nacionais; pela edição dos códigos de caça e pesca da década de 1960.

Na década de 1980, houve um aumento da perspectiva da proteção ambiental. Vários fatores contribuíram para que fosse instaurado um tratamento jurídico integral e abrangente do meio ambiente, entre eles a Conferência de Estocolmo (1972), a edição da Política Nacional do Meio Ambiente — PNMA (Lei n. 6.938/1981), a proteção ambiental por meio da ação civil pública (Lei n. 7.347, de 24 de julho de 1985) e a instauração do Estado democrático com a Constituição de 1988.

Diante dos antecedentes ora expostos, podemos dizer que a Constituição de 1988 foi a responsável por consagrar a proteção ambiental como direito fundamental. Portanto, o referido tratamento constitucional reflete uma tendência exclusiva das constituições contemporâneas, elaboradas em um momento no qual é forte a consciência ecológica da comunidade internacional. Na realidade brasileira, é possível dizer que a proteção ambiental passou por um aprimoramento ao longo dos tempos, que pode ser dividido em fases.

A primeira fase da proteção ambiental, denominada de *exploração desregrada*, pode ser entendida como o período que vai do descobrimento do Brasil (1500) até aproximadamente a metade do século XX. A proteção ambiental não era a preocupação primordial dos governantes da época, logo, poucas normas protecionistas existiam.

A segunda, intitulada *fase fragmentária*, foi regida por algumas normas importantes na seara ambiental. A tutela do bem jurídico meio ambiente era isolada, a exemplo do Código Florestal (1965); da Lei de Responsabilidade por Danos Nucleares (1977); dos códigos de Pesca e de Mineração (ambos de 1967); da Lei do Zoneamento Industrial nas Áreas Críticas de Poluição (1980); da Lei de Agrotóxicos (1989). O legislador já demonstrava preocupação com largas categorias de recursos naturais, mas ainda não com o meio ambiente em si mesmo considerado.

Atualmente, a chamada *fase holística*, conta com um arcabouço legislativo que representa a preocupação com o meio ambiente de forma sistêmica. Esse período iniciou-se com a Política Nacional do Meio Ambiente (Lei n. 6.938/1981) e se consolidou com a Constituição Federal de 1988. É possível afirmar que a consagração da autonomia da proteção ambiental ocorreu nessa fase e, desde então, o meio ambiente é visto em sua integralidade, com leis das mais variadas áreas relacionadas com a proteção ambiental.

— 1.3 —
Princípios do direito ambiental

Os princípios estão fundamentados na ética e sustentam o direito. As peculiaridades do direito ambiental implicam a existência de princípios diversos daqueles que usualmente sustentam os demais ramos do direito. Em matéria de licenciamento ambiental, destacam-se os princípios que veremos a seguir.

— 1.3.1 —
Princípio da prevenção

O uso dos recursos naturais, em maior ou menor escala, pode provocar agressões graves e de difícil reparação ou irreparáveis ao bem jurídico tutelado pelas normas de direito ambiental. Para evitar tais agressões, boa parte das normas ambientais têm ênfase preventiva, ainda que apresentem dispositivos sancionadores.

Prevenção significa *agir antecipadamente*. Tal premissa foi consagrada no Princípio n. 21 da Declaração de Estocolmo:

> Em conformidade com a Carta das Nações Unidas e com os princípios de direito internacional, os Estados têm o direito soberano de explorar seus próprios recursos em aplicação de sua própria política ambiental e a obrigação de assegurar-se de que as atividades que se levem a cabo, dentro de sua jurisdição, ou sob seu controle, não prejudiquem o meio ambiente de outros Estados ou de zonas situadas fora de toda jurisdição nacional. (Declaração..., 1972)

Posteriormente, a mesma premissa foi retomada no Princípio n. 2 da Declaração do Rio:

> Os Estados, de conformidade com a Carta das Nações Unidas e com os Princípios de Direito Internacional, têm o direito soberano de explorar seus próprios recursos segundo suas próprias políticas de meio ambiente e desenvolvimento, e a responsabilidade de assegurar que atividades sob sua jurisdição ou controle não causem danos ao meio ambiente de outros Estados ou de áreas além dos limites da jurisdição nacional. (Declaração..., 1992)

Portanto, os Estados devem tomar as medidas apropriadas para prevenir os danos transfronteiriços e, por consequência, reduzir seu risco de ocorrência. Em última análise, a prevenção impõe limites de tolerabilidade do uso dos recursos naturais para as atividades públicas ou privadas. Pretende-se, assim, manter estáveis a qualidade de vida e o equilíbrio ecológico do meio ambiente, cuja observância tem base em tratados internacionais e nas constituições de cada país (Guerra, 2006). Em outros termos:

> visando respaldar o Desenvolvimento Sustentável, aplica-se o Princípio da Prevenção nos casos de impactos ambientais já conhecidos e estudados. Para tanto, é necessária a existência de informações suficientes para afirmar que se trata de um ato pernicioso e passível de causar desequilíbrio ambiental. (Bulzico, 2009, p. 63)

Esse princípio está explícito na finalidade do licenciamento ambiental e seus estudos de impacto ambiental. Assim, o princípio da prevenção propõe que se dê preferência a medidas mitigadoras dos danos ambientais, com o objetivo de minimizar os impactos negativos que as atividades econômicas possam causar.

— 1.3.2 —
Princípio da precaução
(prudência ou cautela)

Precaução pressupõe um não agir diante da incerteza científica. Embora se assemelhe com a terminologia *prevenção*, os princípios desses conceitos não podem ser confundidos. Para elucidar as diferenças, vamos observar o seguinte:

> Prevenção e precaução, embora muito parecidas, não podem ser confundidas. Pelo Princípio da Precaução, protege-se o patrimônio natural de riscos previsíveis, sobre os quais se têm poucos dados científicos. Em outras palavras, o Direito tem entendido que, perante a falta de resposta Científica exata para questões que envolvam a atividade humana, o melhor caminho é a prudência.
>
> Essa postura conservadora, como forma de proteção, visa evitar consequências danosas ao meio ambiente. Seu uso está intimamente relacionado ao lançamento no ambiente de substâncias desconhecidas ou que não tenham sido suficientemente estudadas. Portanto, quando se realizam estudos e não se chega a nenhuma conclusão concreta dos impactos ambientais, proíbe-se a concretização do empreendimento por não saber seus riscos. (Bulzico; Gomes, 2009, p. 144)

A aplicação do princípio da prevenção depende de sabedoria e bom senso. Isso porque a proibição de uso de técnicas e substâncias inovadoras não pode gerar o efeito de estancamento social e econômico. É necessário que haja um ponto de equilíbrio entre o cuidado de utilizar de novas ideias e produtos, proteger o meio ambiente e promover o desenvolvimento social e econômico com segurança. "Jamais se deve pensar na aplicação da prudência de maneira simplista, pois existe uma complexa relação entre progresso científico, inovação tecnológica e risco" (Antunes, 2019, p. 36).

— 1.3.3 —
Princípio do desenvolvimento sustentável

O princípio do desenvolvimento sustentável visa equilibrar o desenvolvimento econômico, o bem-estar social e a proteção ambiental.

Ao relacionar desenvolvimento e proteção ambiental, é possível afirmar que o termo Desenvolvimento Sustentável, embora sujeito a disputas e definições de ocasião, aponta em dois sentidos principais.

Para os países desenvolvidos, sustentabilidade exige transformações no estilo de vida, melhoria da eficiência energética, moderação do consumo, a preferência pelo uso de recursos naturais renováveis e a reciclagem ou o reaproveitamento dos materiais. Para os países em desenvolvimento, onde existam recursos naturais, se trata de programar a exploração não predatória que minimize impactos adversos, priorizando a produção de recursos renováveis, reduzindo desigualdades, gerando empregos e renda.

Suas origens são antigas. No final do século XVIII, Autores como Malthus já se preocupavam com a relação entre crescimento populacional e capacidade de produção de alimentos. A criação de reservas florestais, por outro lado era realizada por diferentes povos da Antiguidade, por razões religiosas ou para garantir a prática da caça, passando a ser bastante comum na Idade Média. A partir do desenvolvimento dessas ideias iniciais de criação de espaços protegidos e de preocupação com recursos naturais, surgem, nos Estados Unidos, no final do século XIX, duas correntes de pensamento dentro do movimento ambiental emergente, mais tarde denominadas de preservacionista e conservacionista.

Para os primeiros, como John Muir, a natureza deveria ser preservada em seu estado primitivo, como objeto de contemplação do homem, necessária à sua expansão espiritual. Com base nesse pensamento foi que os Estados Unidos passaram a estabelecer, a partir de 1872, os parques nacionais, iniciando com Yellowstone no Estado do Wyoming. Vastas áreas ainda bem conservadas eram cercadas, as populações ali residentes expulsas e os espaços abertos apenas à visitação.

Os segundos, como Gifford Pinchot, entendiam que a providência a ser tomada residia na utilização racional dos recursos naturais, com base nas experiências de manejo florestal trazidas da Alemanha. Já se pregava, então, a necessidade de garantir às futuras gerações a existência dos recursos naturais, prevenindo-se o desperdício. (Bulzico, 2009, p. 60-61)

O termo *desenvolvimento sustentável* propõe um olhar para as necessidades da atual geração e uma preocupação com os anseios e desafios das futuras gerações. No âmbito internacional, o texto do Relatório Brundtland (1987) é considerado o primeiro ato normativo a delinear seu conceito.

Posteriormente, a Declaração do Rio (1992) fez referência ao Desenvolvimento Sustentável em cinco de seus Princípios [3, 4, 8, 20 e 21]. A partir deles, busca-se implementar o desenvolvimento de modo a permitir que sejam atendidas as necessidades da gerações presentes sem comprometer as das gerações futuras. Assim sendo, a orientação emanada é no sentido de que a proteção ambiental deve fazer parte do processo de desenvolvimento e, portanto, não pode ser considerada isolada deste.

Acontecimentos posteriores, como a Rio +5 (1997), a Conferência de Habitat II, em Istambul (2000) e a Conferência de Johanesburgo (2002) vieram a reforçar a necessidade de se implantar projetos, em nível local e global, que contemplem o Desenvolvimento Sustentável. É possível e extremamente necessário que continue havendo o desenvolvimento e o progresso da humanidade, desde que ocorra de forma equilibrada, mediante a gestão racional dos recursos naturais disponíveis e a utilização das modernas técnicas de gerenciamento.

Seu objetivo principal é manter o ponto de equilíbrio entre preservação e progresso econômico, sem prejudicar o acesso das futuras gerações aos recursos naturais. Para atingir tal fim, desconsideram-se posturas extremas tais como a ideia de defender o crescimento desordenado e predatório ou a postura verde xiita [Guerra, 2006, p. 77]. Abrange ainda questões pertinentes à coibição de agressões ao meio ambiente e à erradicação da pobreza no mundo [Milaré, 2018, p. 150]. Não obstante a incorporação de seu conceito nas Constituições de grande parte dos Estados, é importante ressaltar que isso pouco significa se não vier acompanhado da incorporação de medidas garantidoras de sua aplicação. (Bulzico, 2009, p. 60-61)

Atualmente, o termo tem sido utilizado para os mais diversos fins. Muito embora não seja uma fórmula mágica que resolverá, de uma hora para outra, todos os problemas ambientais gravíssimos enfrentados na atualidade, tanto os defensores do desenvolvimento a qualquer custo quanto os grupos de proteção ambiental costumam utilizar esse termo em seus discursos.

Na verdade, o discurso da sustentabilidade acabou sendo utilizado e difundido, de forma muitas vezes perversa, como uma cortina de fumaça que visa a encobrir sérias e irreversíveis degradações perpetradas por diferentes grupos econômicos, que nenhuma atenção real dispensam ao ambiente natural. Todavia, não se pode simplesmente abandonar a busca da sustentabilidade, sob a ótica simplista de ser incompatível com o sistema capitalista, pois, desse modo, estar-se-ia abdicando da única ferramenta que resta para se tentar manter os processos ecológicos e, assim, os recursos bióticos essenciais à sobrevivência da espécie humana em níveis, ao menos, satisfatórios.

Por outro lado, não se deve esquecer que, dentro da discussão da construção de um desenvolvimento sustentável, a relação do homem com a natureza é cultural. Como dito anteriormente, cada cultura específica constrói, no tempo e no espaço, formas determinadas de relacionamento com o ambiente natural, sustentáveis ou não. Haverá sustentabilidade nessa relação quando não ocorrer o esgotamento das bases materiais de reprodução das atividades econômicas, sociais e culturais. (Bulzico, 2009, p. 62-63)

Portanto, a utilização do termo *desenvolvimento sustentável* exige uma postura mais comprometida para que suas premissas não sejam descredibilizadas. Falar em desenvolvimento sustentável significa falar em prática de ações que se reproduzam no tempo, não podendo, assim, esgotar as bases materiais sobre as quais ocorrem. Logo, não significa apenas a manutenção de estoques de recursos naturais para as gerações vindouras, mas a criação de um modo de vida sustentável, que possa ser legado às gerações futuras, em que não haja exclusão social e em que exista um patamar mínimo de igualdade, gerando ações e projetos voltados para educação, saúde, emprego, habitação etc. (Derani, 1997, p. 170).

No Brasil da década de 1970, a poluição e a degradação do meio ambiente eram vistas como um mal menor. A tese adotada pelos governantes era a do desenvolvimento a qualquer custo, fundada na ideia de que não havia a necessidade de desviar recursos para proteger o meio ambiente diante de problemas socioeconômicos de "maior gravidade", tais como a geração de empregos e a ocupação do vasto território nacional.

Em um breve registro, lembramos que a época foi marcada pela devastação de uma extensa área de mata nativa para a edificação, sem sucesso, da Rodovia Transamazônica. Tratava-se de um dos objetivos do Plano de Integração Nacional, liderado pelo Presidente Emílio Garrastazu Médici, que previa a construção de estradas, a ocupação planejada e o incentivo à instalação de empresas na região. O que se buscava com a Transamazônica e as agrovilas construídas ao seu redor era "integrar para não entregar", já que os governantes militares queriam garantir a ocupação brasileira em uma região tradicionalmente cobiçada por outros países.

Enfatizam os doutrinadores que o primeiro registro do princípio do desenvolvimento sustentável em nosso país aconteceu com a edição da Lei n. 6.803, de 2 de julho de 1980, que previa diretrizes básicas para o zoneamento industrial nas áreas críticas de poluição. Atualmente, o Poder Público, as grandes indústrias, as empresas e a coletividade reconhecem a importância da conciliação entre desenvolvimento e preservação dos recursos naturais.

Na Constituição Federal de 1988, o desenvolvimento sustentável está inserido na conjugação das normas presentes nos arts. 3º, inciso II; 170, inciso VI; e 225, visto que se preza tanto pelo desenvolvimento econômico do país quanto pela preservação do meio ambiente, com vistas ao usufruto racional dos recursos naturais.

— 1.3.4 —
Princípio do poluidor pagador

O princípio do poluidor pagador visa atribuir os custos da reparação do meio ambiente a quem efetivamente causou os danos. Ele parte do fundamento de que o meio ambiente é bem de todos e de que a reparação das agressões aos recursos naturais não deve ser arcada por toda a população. Nesse sentido:

> Agressões aos recursos naturais implicam em um determinado custo para a recuperação e limpeza. Despesa que o Poder Público e a sociedade, não devem suportar por completo. Pelo

contrário, é extremamente adequado, em um raciocínio axiológico, que o agente causador dos danos repare os prejuízos causados de modo a recompor a realidade fática o mais próximo possível do que era antes da atividade lesiva.

O Princípio do Poluidor Pagador (PPP) visa repassar esse ônus econômico ao poluidor identificável, de maneira a eliminar, ou pelo menos reduzir os custos que recaem sobre a sociedade. Assim, seus reflexos se fazem sentir na Economia do Meio Ambiente, na Ética Ambiental, na Administração Pública Ambiental e no Direito Ambiental.

Introduzido em 1972 por um Conselho Diretor que trata de Princípios e aspectos econômicos das políticas ambientais na Organização para a Cooperação e Desenvolvimento Econômico – OCDE175, o qual reconheceu que o mercado não poderia atuar de maneira livre adotando práticas econômicas em detrimento da qualidade ambiental176, logo se transformou em uma das premissas jurídicas mais importantes para a proteção ambiental. (Bulzico, 2009, p. 64)

A responsabilização do agente causador de danos ambientais foi expressa no Princípio n. 13 da Declaração do Rio, o qual estabelece que "Os Estados devem desenvolver legislação nacional relativa à responsabilidade e indenização das vítimas de poluição e de outros danos ambientais." (Declaração..., 1992). Já o Princípio n. 16 retrata a necessidade de absorção pelas empresas dos custos referentes à poluição oriunda de suas atividades, ou seja, o aspecto do poluidor-pagador:

Tendo em vista que o poluidor deve, em princípio, arcar com o custo decorrente da poluição, as autoridades nacionais devem promover a internalização dos custos ambientais e o uso de instrumentos econômicos, levando na devida conta o interesse público, sem distorcer o comércio e os investimentos internacionais. (Declaração..., 1992)

No Brasil, a PNMA, com seus fins e mecanismos de formulação e aplicação, assegura que:

> Art. 4º A Política Nacional do Meio Ambiente visará:
>
> [...]
>
> VII – à imposição, ao poluidor e ao predador, da obrigação de recuperar e/ou indenizar os danos causados, e ao usuário, de contribuição pela utilização de recursos ambientais com fins econômicos. [...] (Brasil, 1981)

Cumpre refletir acerca da terminologia utilizada na elaboração do enunciado desse princípio:

> Nota-se que a interpretação gramatical é ponto crucial: o princípio afirma que o responsável pela poluição deverá pagar pelos danos causados. Não significa dizer que aquele que pagou terá o direito de poluir. O fundamento dessa forma de responsabilização é a solidariedade social e a prevenção mediante imposição da carga pelos custos ambientais aos responsáveis por produtos geradores de poluição. (Bulzico, 2009, p. 65)

Assim, o princípio do poluidor pagador busca equalizar lucros e prejuízos ao meio ambiente, de forma que a coletividade não seja prejudicada pela atividade econômica poluente de alguns setores do mercado.

— 1.3.5 —
Princípio do usuário pagador

O princípio do usuário pagador consiste na cobrança de um valor econômico pela utilização de determinado bem ambiental. Assim, impõe-se que o usuário de recurso natural do meio ambiente suporte o conjunto de custos destinados a tornar possível sua utilização e a viabilizar os custos advindos desse uso.

— 1.4 —
Meio ambiente como direito fundamental

Inspirada na Declaração de Estocolmo (1972), a proteção do meio ambiente como bem jurídico difuso passou a ser um dos assuntos de relevante interesse nacional, merecendo um capítulo próprio na Constituição Federal de 1988, além de vários outros dispositivos esparsos que buscam o equilíbrio ambiental em todas as atividades humanas. Parte da legislação pré e infraconstitucional foi recepcionada, reafirmando e atribuindo *status* constitucional a diversos instrumentos que já integravam a Política

Nacional do Meio Ambiente. Na Constituição de 1988, também foi prevista a responsabilidade penal da pessoa jurídica, o que até então não existia no direito brasileiro.

Na sequência, veremos os principais dispositivos constitucionais sobre o tema.

— 1.4.1 —
Meio ambiente nas Constituições anteriores à de 1988

O estudo da tutela ambiental pelo ordenamento jurídico nacional tem como ponto de partida a análise do texto constitucional. É importante observar que a proteção dada pela Constituição revela muito sobre a diretriz política e econômica de um país. No Brasil não é diferente. Ao longo da história, a proteção ambiental foi se aprimorando conforme a tutela dos recursos naturais passava a ser relevante na pauta política e econômica do país. Assim, temos:

> A título de exemplo da postura política perante o meio ambiente, tratando-o como mero provedor de recursos econômicos, cita-se a que vigorou durante o governo do Presidente Garrastazu Médici. Mediante o lema *"integrar para não entregar"* e defendendo o atendimento a problemas econômicos nacionais de emprego, industrialização e urbanização referido governo foi responsável pelo desmatamento de vários quilômetros de mata nativa para a construção (sem sucesso) da

chamada rodovia Transamazônica. Constata-se, assim, o descaso com o meio ambiente e com os danos e riscos decorrentes de tais obras. (Bulzico, 2009, p. 201)

As Constituições anteriores à atual tratavam dos recursos naturais como meros provedores de recursos economicamente relevantes, desmerecendo maiores preocupações legislativas com sua proteção e preservação. Conforme expõe Milaré (2018, p. 302), "nelas, nem mesmo uma vez foi empregada a expressão *meio ambiente*, dando a revelar total inadvertência ou, até, despreocupação com o próprio espaço em que vivemos".

De acordo com a perspectiva histórica do constitucionalismo brasileiro, vislumbra-se que as Constituições de 1934, 1937, 1946, 1967 e a Emenda Constitucional n. 1, de 17 de outubro de 1969, destinaram uma tutela nitidamente patrimonialista aos bens ambientais, sem a preocupação específica com o meio ambiente sadio, essencial à qualidade de vida. Portanto, mesmo protegendo o patrimônio histórico, cultural e paisagístico do país desde a Constituição de 1934, seus dispositivos foram insuficientes para uma proteção ambiental efetiva (Milaré, 2018).

De maneira mais detalhada, cumpre averiguarmos como os textos constitucionais evoluíram no tratamento do tema:

> Toma-se como ponto de partida a Constituição de 1824, que, ao longo dos seus 179 artigos, abordou temas relativos à organização do Estado, à forma de promulgação das leis, aos Conselhos de Província, à figura do Imperador e de sua família, à força

militar e ao Poder Judiciário. Entretanto, que foi omissa quanto a qualquer norma de proteção direta ou indireta à natureza e aos bens com relevante valor histórico ou cultural

No mesmo sentido é a Constituição de 1891 que dispõe sobre o Congresso Nacional, o Poder Judiciário, o Presidente da República e os direitos dos cidadãos brasileiros, como o direito de propriedade. Todavia, nada foi mencionado acerca da proteção ambiental. Seu texto se limitou a atribuir, no artigo 34, à União competência para "legislar sobre terra e minérios". (Bulzico, 2009, p. 203-204)

Já no período da República, a Constituição de 1934 foi a primeira a tutelar a natureza, não obstante o tratamento dispensado ao tema ainda tenha sido insuficiente, dada a importância da questão. Assim, seus artigos dispunham:

Através do artigo 5º, parágrafo 3º, inciso XIX, alínea j, delegou-se à União a competência legislativa sobre "riquezas do subsolo, metalurgia, água, mineração, energia hidrelétrica, florestas, caça e pesca e sua exploração", não excluindo a competência estadual complementar dos Estados que poderão, ainda, suprir eventuais lacunas da norma constitucional.

Ainda no artigo 10, inciso III havia a previsão da atuação concorrente dos Estados e da União para "proteger as belezas naturais e os monumentos de valor histórico ou artístico, podendo impedir a evasão de obras de arte", podendo atuar também para impedir a "evasão'" das obras de arte. Referida proteção ao patrimônio cultural, foi inserida em Capítulo destinado a tutelar a educação e a cultura. (Bulzico, 2009, p. 204)

A Constituição de 1937 segue a mesma linha. Nesta, os recursos naturais foram contemplados em dois momentos:

No primeiro deles, artigo 16, inciso XIV, ficou determinada a competência legislativa privativa da União para dispor sobre "minas, metalurgia, água, energia hidrelétrica, florestas, caça e pesca e sua exploração".

Assegurou-se aos Estados, no artigo 18, alínea a, a possibilidade de legislar sobre riquezas minerais, do subsolo, águas, florestas (mencionada pela primeira vez numa Constituição brasileira), caça e pesca, independentemente de autorização da União Federal, nos seguintes termos: "Independentemente de autorização, os Estados podem legislar, no caso de haver lei federal sobre a matéria, para suprir-lhes as deficiências ou atender às peculiaridades locais, desde que não dispensem ou diminuam as exigências da lei federal, ou, em não havendo lei federal e até que esta regule, sobre os seguintes assuntos: a) riquezas do subsolo, mineração, metalurgia, águas, energia hidrelétrica, florestas, caça e pesca e sua exploração".

Por fim, a exemplo da Constituição anterior, esta tutelou o patrimônio histórico, nomeadamente os monumentos históricos, artísticos e naturais, bem como as paisagens ou locais tidos como especiais sob o ponto de vista natural. Quaisquer atentados contra esses bens seria considerado ato cometido contra o patrimônio nacional, sendo esse bem representativo de um valor para o Município, Estado ou para a União.

Nesse sentido o artigo 134, determina que "os monumentos históricos, artísticos e naturais, assim como as paisagens ou os locais particularmente dotados pela natureza, gozam da proteção e dos cuidados especiais da Nação, dos Estados e dos Municípios. Os atentados contra eles cometidos serão equiparados aos cometidos contra o patrimônio nacional." (Bulzico, 2009, p. 205-206)

As três constituições que se seguiram também delinearam algumas linhas mestras de tutela ambiental ainda que de forma esparsa. Confira:

A Constituição de 1946 dispunha, em seu artigo 5º, inciso XV, alínea i, que à União caberia legislar sobre "riquezas do subsolo, mineração, metalurgia, águas, energia hidrelétrica, florestas, caça e pesca". Também fez previsão, no artigo 175, de que "as obras, monumentos e documentos de valor histórico e artístico, bem como os monumentos naturais, as paisagens e os locais dotados de particular beleza ficam sob a proteção do Poder Público". Nota-se, todavia, uma omissão constitucional acerca das penas para o descumprimento de tal dever de proteção, além da vagueza do conceito de "particular beleza".

Já a Constituição de 1967, em seu artigo 8º, inciso XVII, alínea h, determinou que a competência legislativa para tratar de meio ambiente seria somente da União, mais especificamente no que se refere aos "recursos minerais, florestas, caça, pesca e jazidas". A exemplo das Constituições anteriores, esta determinou no artigo 172 que "ficam sob a proteção especial do Poder Público os documentos, as obras e os locais de valor histórico ou artístico, os monumentos e as paisagens naturais notáveis, bem como as jazidas arqueológicas".

Importante observar que, sob a égide desta ordem constitucional, foi publicada a Lei de Proteção à Fauna, (Lei n. 5.167 de 1967), conhecida como o Código de Caça, Pesca e Mineração. Nesta época também se iniciou o período denominado de "milagre econômico", caracterizado pela expansão privilegiada das indústrias de base (metalurgia e siderurgia), além de grandes obras de infraestrutura.

Em seguida, a Emenda Constitucional n. 01 de 1969 tratou da questão ambiental de forma semelhante, mas parece ter sido esse constituinte mais preocupado com os recursos naturais. Inicialmente, determinou no artigo 4º, inciso II, como bens da União "os lagos e quaisquer correntes de água em terrenos de seu domínio, ou que banhem mais de um Estado, constituam limite com outros países ou se estendam a território estrangeiro; as ilhas oceânicas, assim como as ilhas fluviais e lacustres nas zonas limítrofes com outros países". Podendo ela "explorar, diretamente ou mediante autorização ou concessão", nos termos do artigo 8º, inciso XV.

Também determinou que à União competia, privativamente, legislar sobre "saúde", "jazidas, minas e outros recursos minerais; metalurgia; florestas, caça e pesca" e "águas, telecomunicações, serviço postal e energia (elétrica, térmica, nuclear ou qualquer outra)" no artigo 8º, inciso XVII, alíneas c, h e i. Determinação que fundamentou, posteriormente, a elaboração da Lei de Política Nacional do Meio Ambiente (Lei 6.938/81). (Bulzico, 2009, p. 206-207).

Para os estados e territórios, atribuiu-se a responsabilidade pelos "lagos em terrenos de seu domínio, bem como os rios que neles têm nascente e foz, as ilhas fluviais e lacustres e as terras devolutas não compreendidas no artigo anterior", conforme o art. 5º da Emenda Constitucional n. 1/1969 (Brasil, 1969). Por fim, o art. 176 do mesmo diploma determina que "as jazidas [...] e demais recursos minerais e os potenciais de energia hidráulica constituem propriedade distinta da do solo, para efeito de exploração ou aproveitamento" (Brasil, 1969). Ao tratar da parte financeira da exploração, o dispositivo apresentou um viés de preocupação mais econômico do que ambiental.

Já no capítulo destinado à educação e à cultura, mais especificamente no art. 180, a Emenda Constitucional n. 1/1969 protege o patrimônio histórico e cultural:

> Art. 180. O amparo à cultura é dever do Estado.
>
> Parágrafo único. Ficam sob a proteção especial do Poder Público os documentos, as obras e os locais de valor histórico ou artístico, os monumentos e as paisagens naturais notáveis, bem como as jazidas arqueológicas. (Brasil, 1969)

Na década de 1970, Médici destacou-se como o presidente responsável pela Ponte Rio-Niterói e pela já mencionada Rodovia Transamazônica. Por sua vez, ao Presidente Ernesto Geisel foram atribuídos outros dois símbolos do desenvolvimento: a Usina Hidrelétrica de Itaipu Binacional e as usinas nucleares de Angra dos Reis. Por ser a década de realização da Conferência de

Estocolmo (1972), Silva (2015, p. 30) ressalta a contradição entre as preocupações de grande parte da comunidade internacional e as preocupações internas:

> [na época,] a ideia da realização de uma Conferência das Nações Unidas sobre Meio Ambiente não teve uma repercussão positiva entre os países em desenvolvimento; ao contrário, no caso de alguns, a reação foi francamente antagônica, como ocorreu com o Brasil. [...] o fator mais importante era que as questões ambientalistas tinham importância secundária para os países em desenvolvimento, onde os grandes desafios eram a pobreza e suas sequelas, ou seja a fome, a falta de moradia, de roupa, educação, escolas, etc. Para eles, os direitos políticos e civis pouco importavam em relação aos direitos econômicos e sociais.

De modo geral, no Projeto Brasil Potência dos Militares, o desenvolvimento ocorreu pelo endividamento externo, aproveitando a necessidade de recirculação dos petrodólares e por meio dos Planos Nacionais de Desenvolvimento (PNDs), os quais abrangiam grandes projetos e programas, tais como: Programa de Integração Nacional, Projeto Radam (responsável pelo levantamento de recursos naturais na Amazônia), Projeto Grande Carajás, Projeto Cerrados, Projeto dos Corredores de Exportação, Projeto de Colonização (expansão da fronteira agrícola), Programa 2010 da Eletrobrás, Programa Nuclear, entre outros.

Assim, somente a partir da década de 1980, durante o último governo militar, quando a desigualdade social começou a se aprofundar ainda mais, foi que o Brasil passou a contar com um marco legislativo para a proteção ambiental. A Lei de Políticas Nacionais do Meio Ambiente (Lei n. 6.938/1981), ainda que regida pela Emenda Constitucional n. 1/1969, foi a principal contribuição legislativa na área ambiental antes do advento da Constituição de 1988.

As consequências do descaso com a proteção ambiental ao longo de todo o período acima elucidado são sentidas atualmente. Diante da ausência de medidas estatais e políticas públicas em prol do meio ambiente, destruíram-se os principais ecossistemas brasileiros, mantendo-se algumas amostras representativas dos Campos do Sul, das Matas de Araucárias, da Mata Atlântica, dos Mangues, das Restingas e dos Cerrados. Dessa política de amostras há um saldo de vinte milhões de hectares, contidos em 123 Unidades de Conservação, administradas pelo Governo Federal, que representariam 5% dos 400 milhões de hectares, em mãos de proprietários privados.

Diante desses antecedentes, considera-se a Constituição de 1988 como inovadora em matéria ambiental. Isso porque tratou de forma séria e abrangente da tutela dos bens relevantes para a preservação ambiental, introduzindo a preocupação com o caráter finito das riquezas naturais.

Foi clara a intenção do constituinte brasileiro em albergar de vez a tendência mundial do comprometimento de todos na preservação ambiental, combatendo os mais diversos tipos de poluição e de degradação, elevando o meio ambiente à categoria de Direito Fundamental apesar de não constar diretamente do rol de bens fundamentais do artigo 5º da Constituição de 1988. (Bulzico, 2009, p. 187)

Após esse estudo detalhado da evolução da preocupação política e econômica em tutelar o meio ambiente, passamos, agora, a analisar as normas da atual Constituição sobre o tema.

— 1.4.2 —
Constituição Federal de 1988 e o capítulo próprio para a proteção do meio ambiente

A Constituição Federal de 1988 dedicou um capítulo próprio para tratar da questão ambiental. Nesse sentido:

> A base da tutela ambiental no ordenamento jurídico brasileiro encontra-se no artigo 225, seus parágrafos e incisos, do Capítulo VI, do Título VIII (Da Ordem Social) da Constituição de 1988. Ele deu *status* constitucional ao direito coletivo ao meio ambiente ecologicamente equilibrado, colocando-o no mesmo patamar dos Direitos Fundamentais, considerando-o bem de uso comum do povo e essencial à sadia qualidade de vida da coletividade, atribuindo-o a característica de "bem jurídico" e impondo a todos (Poder Público e coletividade) o dever de defendê-lo e preservá-lo [...]. (Bulzico, 2009, p. 195-196)

O referido capítulo dispõe de apenas um artigo o qual se faz relevante ser transcrito:

> Art. 225. Todos têm direito ao meio ambiente ecologicamente equilibrado, bem de uso comum do povo e essencial à sadia qualidade de vida, impondo-se ao Poder Público e à coletividade o dever de defendê-lo e preservá-lo para as presentes e futuras gerações.
>
> § 1º Para assegurar a efetividade desse direito, incumbe ao Poder Público:
>
> I – preservar e restaurar os processos ecológicos essenciais e prover o manejo ecológico das espécies e ecossistemas;
>
> II – preservar a diversidade e a integridade do patrimônio genético do País e fiscalizar as entidades dedicadas à pesquisa e manipulação de material genético;
>
> III – definir, em todas as unidades da Federação, espaços territoriais e seus componentes a serem especialmente protegidos, sendo a alteração e a supressão permitidas somente através de lei, vedada qualquer utilização que comprometa a integridade dos atributos que justifiquem sua proteção;
>
> IV – exigir, na forma da lei, para instalação de obra ou atividade potencialmente causadora de significativa degradação do meio ambiente, estudo prévio de impacto ambiental, a que se dará publicidade;
>
> V – controlar a produção, a comercialização e o emprego de técnicas, métodos e substâncias que comportem risco para a vida, a qualidade de vida e o meio ambiente;

VI – promover a educação ambiental em todos os níveis de ensino e a conscientização pública para a preservação do meio ambiente;

VII – proteger a fauna e a flora, vedadas, na forma da lei, as práticas que coloquem em risco sua função ecológica, provoquem a extinção de espécies ou submetam os animais a crueldade.

§ 2º Aquele que explorar recursos minerais fica obrigado a recuperar o meio ambiente degradado, de acordo com solução técnica exigida pelo órgão público competente, na forma da lei.

§ 3º As condutas e atividades consideradas lesivas ao meio ambiente sujeitarão os infratores, pessoas físicas ou jurídicas, a sanções penais e administrativas, independentemente da obrigação de reparar os danos causados.

§ 4º A Floresta Amazônica brasileira, a Mata Atlântica, a Serra do Mar, o Pantanal Mato-Grossense e a Zona Costeira são patrimônio nacional, e sua utilização far-se-á, na forma da lei, dentro de condições que assegurem a preservação do meio ambiente, inclusive quanto ao uso dos recursos naturais.

§ 5º São indisponíveis as terras devolutas ou arrecadadas pelos Estados, por ações discriminatórias, necessárias à proteção dos ecossistemas naturais.

§ 6º As usinas que operam com reator nuclear deverão ter sua localização definida em lei federal, sem o que não poderão ser instaladas. [...] (Brasil, 1988)

Considerar o meio ambiente como bem de uso comum implica afirmar que se trata de um bem indisponível, sobre o qual não paira nenhum direito adquirido e que não admite ser apropriado, pois foi excluído do comércio por constituir a base da almejada sadia qualidade de vida para as presentes e as futuras gerações.

O parágrafo 1º do referido artigo faz menção aos deveres do Poder Público na tutela ambiental. Há ênfase à preservação ambiental como principal forma de atuação, tanto pela sociedade quanto pelo Estado em suas relações sociais e produtivas, a qual pode ser compreendida como sinônimo de proibição à degradação, bem como de imposição de recuperar o ambiente degradado. Seu intuito máximo é estabelecer a proteção no presente para que as gerações vindouras também possam usufruir esses bens jurídicos, na perspectiva de responsabilidade social e estatal decorrente da solidariedade entre gerações. Além dessa previsão, o artigo informa uma série de valores que fazem do meio ambiente um bem jurídico de natureza difusa, de uso comum de todos, concebido, em sua totalidade, por meio de patrimônio coletivo.

Assim, preservar e restaurar os processos ecológicos essenciais, conforme disposto no inciso I, implica tutelar os processos que garantem o devido funcionamento entre os diferentes ecossistemas, bem como punir quem exerça atividades que prejudiquem ou venham a prejudicar esse equilíbrio. O inciso II refere-se à proteção da biodiversidade, ou seja, das várias formas de vida existentes. Em complemento a essa ideia, o inciso III determina a preservação dos *habitat* naturais e dos fragmentos significativos de florestas, sem os quais determinadas espécies estão fadadas à extinção.

Cabe, ainda, ao Poder Público, de acordo com o inciso IV, realizar estudos de impacto ambiental para evitar que edificações ou atividades revelem-se prejudiciais ao meio ambiente. Nos termos do inciso V, que é a base constitucional para o licenciamento ambiental, devem ser barradas as atividades econômicas que possam colocar em risco a saúde e a qualidade de vida da coletividade. Por fim, o inciso VI propõe a educação ambiental da sociedade em todos os níveis, com o objetivo de conscientizar a população acerca da necessidade de se preservar o ambiente.

Os parágrafos seguintes abordam objetos e setores específicos, que, por caracterizarem situações de elevado conteúdo ecológico e importância nacional, merecem proteção constitucional. O parágrafo 2º trata das atividades de mineração; o parágrafo 3º obriga os infratores de normas ambientais a reparar os danos independentemente da responsabilidade penal e administrativa; o parágrafo 4º deu tratamento especial à proteção da fauna e da flora das macrorregiões brasileiras, considerando os diversos ecossistemas como parte de um sistema ecológico maior; o parágrafo 5º aborda a proteção das terras devolutas ou arrecadadas pelos estados, as quais podem ser convertidas em áreas indisponíveis, desde que necessárias à proteção de ecossistemas; por fim, o parágrafo 6º trata do controle da exploração e do uso da energia advinda de usinas nucleares.

— 1.4.3 —
Demais dispositivos

Nas palavras de Silva (2019), a Constituição de 1988 é eminentemente ambientalista. O meio ambiente é, conforme o princípio da ubiquidade, indissociável, e suas questões merecem a atenção de todos. Portanto, além de um espaço próprio, é possível encontrar várias passagens sobre o meio ambiente nos demais capítulos da Constituição. A seguir, veremos os mais relevantes.

O art. 5º, inciso LXXIII, confere legitimidade ativa a qualquer pessoa para propor ação popular de anulação de ato lesivo ao meio ambiente e ao patrimônio histórico e cultural. Nesse sentido, o art. 129 dá legitimidade ao Ministério Público para mover inquérito civil e ação civil pública para proteção do meio ambiente. A competência judicial é dividida entre os tribunais federais e estaduais conforme a titularidade dos bens (ratione personae). Portanto, se envolver bens da União, o art. 109 determina que a competência será da Justiça Federal; os demais casos serão da alçada da Justiça Estadual.

Ainda verificamos o fato de a proteção ambiental ser um dos princípios da ordem econômica previstos no art. 170 da Constituição. A questão ambiental também é mencionada como um dos requisitos da função social da propriedade rural, entendida como função socioambiental da propriedade, segundo o art. 186 da Constituição.

— 1.5 —
Competências constitucionais em matéria ambiental

No que tange ao texto constitucional, observamos a divisão de competências legislativa e executiva (ou material) entre os entes da federação. Essa divisão busca o equilíbrio federativo, fato inédito na legislação brasileira, visto que, anteriormente, a gestão ambiental era confiada apenas à União.

Assim, o art. 20 da Constituição lista os bens exclusivos da União; o art. 21 refere-se à competência administrativa exclusiva da União Federal; o art. 25, parágrafo 1º, indica os bens exclusivos dos estados; o art. 30 elenca os bens dos municípios. O art. 23 reconhece a competência comum dos três entes, e o art. 24 determina a competências concorrentes.

— 1.5.1 —
Competência executiva em matéria ambiental

A competência executiva ou material é, em regra, comum aos entes elencados no art. 23 da Constituição Federal:

> Art. 23. É competência comum da União, dos Estados, do Distrito Federal e dos Municípios:
>
> [...]

III - proteger os documentos, as obras e outros bens de valor histórico, artístico e cultural, os monumentos, as paisagens naturais notáveis e os sítios arqueológicos;

IV - impedir a evasão, a destruição e a descaracterização de obras de arte e de outros bens de valor histórico, artístico ou cultural;

[...]

VI - proteger o meio ambiente e combater a poluição em qualquer de suas formas;

VII - preservar as florestas, a fauna e a flora;

[...]

XI - registrar, acompanhar e fiscalizar as concessões de direitos de pesquisa e exploração de recursos hídricos e minerais em seus territórios; [...] (Brasil, 1988)

Para sua efetivação, é importante a observância de lei complementar, como prevê o parágrafo único do mesmo artigo:

Parágrafo único. Leis complementares fixarão normas para a cooperação entre a União e os Estados, o Distrito Federal e os Municípios, tendo em vista o equilíbrio do desenvolvimento e do bem-estar em âmbito nacional. (Brasil, 1988)

Em matéria ambiental, a Lei Complementar n. 140, de 8 de dezembro de 2011, é a responsável por distribuir as atribuições. Entretanto, a Constituição de 1988 reservou à União alguns temas de competência material exclusiva:

> Art. 21. [...]
>
> XXIII – explorar os serviços e instalações nucleares de qualquer natureza e exercer monopólio estatal sobre a pesquisa, a lavra, o enriquecimento e reprocessamento, a industrialização e o comércio de minérios nucleares e seus derivados, atendidos os seguintes princípios e condições:
>
> a) toda atividade nuclear em território nacional somente será admitida para fins pacíficos e mediante aprovação do Congresso Nacional;
>
> b) sob regime de permissão, são autorizadas a comercialização e a utilização de radioisótopos para a pesquisa e usos médicos, agrícolas e industriais;
>
> c) sob regime de permissão, são autorizadas a produção, comercialização e utilização de radioisótopos de meia-vida igual ou inferior a duas horas;
>
> d) a responsabilidade civil por danos nucleares independe da existência de culpa; [...] (Brasil, 1988)

Por fim, os municípios têm competência material local, assim definida no art. 30 da Constituição Federal:

> Art. 30. Compete aos Municípios: [...]
>
> VIII – promover, no que couber, adequado ordenamento territorial, mediante planejamento e controle do uso, do parcelamento e da ocupação do solo urbano;
>
> IX – promover a proteção do patrimônio histórico-cultural local, observada a legislação e a ação fiscalizadora federal e estadual. (Brasil, 1988)

Com isso, o município pode criar normas de ordenamento territorial.

— 1.5.2 —
Competência legislativa em matéria ambiental

A competência concorrente envolve somente os entes elencados no art. 24 da Constituição Federal. Em matéria ambiental, refere-se aos seguintes temas:

> Art. 24. Compete à União, aos Estados e ao Distrito Federal legislar concorrentemente sobre: [...]
>
> VI – florestas, caça, pesca, fauna, conservação da natureza, defesa do solo e dos recursos naturais, proteção do meio ambiente e controle da poluição;
>
> VII – proteção ao patrimônio histórico, cultural, artístico, turístico e paisagístico;
>
> VIII – responsabilidade por dano ao meio ambiente, ao consumidor, a bens e direitos de valor artístico, estético, histórico, turístico e paisagístico; [...] (Brasil, 1988)

Para viabilizar a criação de leis nesse sentido, é importante observarmos o disposto nos parágrafos do art. 24:

> § 1º No âmbito da legislação concorrente, a competência da União limitar-se-á a estabelecer normas gerais.

§ 2º A competência da União para legislar sobre normas gerais não exclui a competência suplementar dos Estados.

§ 3º Inexistindo lei federal sobre normas gerais, os Estados exercerão a competência legislativa plena, para atender a suas peculiaridades.

§ 4º A superveniência de lei federal sobre normas gerais suspende a eficácia da lei estadual, no que lhe for contrário. (Brasil, 1988)

Logo, os municípios têm competência subsidiária para regulamentar interesses locais quando se tratar de referidos temas. É o que se depreende do art. 30 da Constituição Federal:

Art. 30. Compete aos Municípios:

I – legislar sobre assuntos de interesse local;

II – suplementar a legislação federal e a estadual no que couber; [...] (Brasil, 1988)

Notemos que há temas sobre os quais somente a União pode legislar:

Art. 22. Compete privativamente à União legislar sobre:

I – direito civil, comercial, penal, processual, eleitoral, agrário, marítimo, aeronáutico, espacial e do trabalho;

[...]

IV – águas, energia, informática, telecomunicações e radiodifusão;

[...]

XII – jazidas, minas, outros recursos minerais e metalurgia;

[...]

XXVI – atividades nucleares de qualquer natureza; [...] (Brasil, 1988)

O inciso I refere-se à Lei de Crimes Ambientais. Já os demais estão relacionados a temas de interesse nacional e que envolvem recursos de alto valor econômico e social.

Capítulo 2

*Política Nacional do
Meio Ambiente (PNMA)*

A Política Nacional do Meio Ambiente, também conhecida pela sigla PNMA, foi concebida pela Lei n. 6.938, de 31 de agosto de 1981, responsável por sistematizar a proteção ao meio ambiente. Para tanto, essa lei concebeu um grupo de órgãos e entidades em todos os níveis da federação destinados a proteger os recursos naturais. Os instrumentos de proteção também foram trazidos pela lei.

Em razão da grande relevância para a proteção ambiental, essa lei foi recepcionada integralmente pela Constituição Federal de 1988. Posteriormente, novos instrumentos de proteção foram desenvolvidos e postos à disposição dos órgãos ambientais. Atualmente, a Lei n. 6.938/1981 deve ser interpretada em conjunto com a Lei Complementar n. 140/2011, que divide as competências em matéria ambiental entre União, estados, Distrito Federal e municípios.

— 2.1 —
Contextualização da PNMA

A Lei n. 6.938/1981 instituiu a Política Nacional do Meio Ambiente (PNMA) e o Sistema Nacional do Meio Ambiente (Sisnama), seus fins, seus mecanismos e suas formas de atuação. Indubitavelmente, é a norma ambiental de maior importância publicada antes da Constituição de 1988. Essa lei é o divisor de águas de dois momentos do direito ambiental nacional: antes dela, o ordenamento nacional carece de uma tutela jurídica que buscasse equilibrar economia e proteção ambiental; com sua entrada em vigor, os limites do uso dos recursos naturais ficaram bem estabelecidos.

A PNMA é considerada como o mais importante diploma legal infraconstitucional brasileiro na área ambiental, pois, conforme Peters e Pires (2002, p. 48), "materializa a tradução jurídica da Política Nacional do Meio Ambiente, traçada no início dos anos oitenta como reflexo de toda uma evolução política internacional, cujo registro histórico mais importante é o Encontro de Nações realizado em Estocolmo, no ano de 1972".

Orientada pela carta constitucional vigente na época, a Constituição de 1969 (mais precisamente pelo art. 8°, inciso XVII, alíneas "c", "h" e "i", que conferiam à União competência para legislar sobre defesa e proteção da saúde, florestas e águas), a Lei n. 6.938/1981 traz, em sua estruturação, reflexos da evolução histórica e política da proteção ambiental nos âmbitos nacional e internacional. Surgiu no período do autoritarismo político, quando ainda não se previa a repartição de poderes entre os três entes federados; ao contrário, o poder de decisão era concentrado nas mãos do presidente da República. Tendo em vista a maneira inovadora como tratou a matéria, tornou-se sinônimo de um grande progresso para a história político-institucional do Brasil. Milaré (2018, p. 384) apresenta o fato da seguinte maneira:

> Concebida, elaborada e aprovada num período de declarado autoritarismo político-administrativo, essa Lei sofreu delimitações impostas por fatores políticos e geopolíticos

predominantes na época, assim como por distorções econômicas e sociais que afetavam a sociedade brasileira, submetida ao império de uma tecnoburocracia infensa aos ideais sociais dos Estados modernos. Sem embargo, revelou-se um valioso instrumento legal para nortear e balizar as intervenções sobre o meio ambiente originadas da ação dos governos e da iniciativa privada.

Diante da importância para as questões ambientais, grande parte do texto da lei foi recepcionada pela Constituição de 1988 (com base no art. 22, inciso IV, no art. 24, inciso VI, e no art. 225). Desde então, tem sido o referencial mais valioso na proteção do meio ambiente e, portanto, podemos afirmar que, atualmente, sistematiza, conceitua e instrumentaliza a ação ambiental no Brasil para dar efetividade ao princípio matriz do art. 225 da Constituição Federal, ou seja, "o direito de todos a um meio ambiente ecologicamente equilibrado" (Brasil, 1988).

— 2.2 —
Objetivos e princípios da PNMA

A PNMA, por meio da Lei n. 6.938/1981, estabelece seu objetivo geral no art. 2º:

> Art 2º A Política Nacional do Meio Ambiente tem por objetivo a preservação, melhoria e recuperação da qualidade ambiental propícia à vida, visando assegurar, no País, condições ao

desenvolvimento socioeconômico, aos interesses da segurança nacional e à proteção da dignidade da vida humana [...] (Brasil, 1981)

Mais adiante, no art. 4°, o legislador preocupou-se em elencar os objetivos específicos da lei:

> Art 4° A Política Nacional do Meio Ambiente visará:
>
> I – à compatibilização do desenvolvimento econômico-social com a preservação da qualidade do meio ambiente e do equilíbrio ecológico;
>
> II – à definição de áreas prioritárias de ação governamental relativa à qualidade e ao equilíbrio ecológico, atendendo aos interesses da União, dos Estados, do Distrito Federal, dos Territórios e dos Municípios;
>
> III – ao estabelecimento de critérios e padrões de qualidade ambiental e de normas relativas ao uso e manejo de recursos ambientais;
>
> IV – ao desenvolvimento de pesquisas e de tecnologias nacionais orientadas para o uso racional de recursos ambientais;
>
> V – à difusão de tecnologias de manejo do meio ambiente, à divulgação de dados e informações ambientais e à formação de uma consciência pública sobre a necessidade de preservação da qualidade ambiental e do equilíbrio ecológico;
>
> VI – à preservação e restauração dos recursos ambientais com vistas à sua utilização racional e disponibilidade permanente, concorrendo para a manutenção do equilíbrio ecológico propício à vida;

VII - à imposição, ao poluidor e ao predador, da obrigação de recuperar e/ou indenizar os danos causados e, ao usuário, da contribuição pela utilização de recursos ambientais com fins econômicos. (Brasil, 1981)

Notemos que a lei direciona sua preocupação à compatibilização entre desenvolvimento econômico e social. Para tanto, considera a preservação do meio ambiente e os limites estabelecidos, por exemplo, as determinações que fixam as áreas prioritárias da ação governamental e o estabelecimento de critérios e padronizações referentes à qualidade do meio ambiente. Isso porque os planos de preservação que não sejam realmente efetivos comprometem tais aspectos e só servem para maquiar os danos causados e o mau uso dos recursos ambientais.

Além disso, essa norma legal de importância nacional também determina técnicas e formas destinadas ao desenvolvimento de pesquisas e tecnologias que proporcionem o uso racional dos recursos ambientais; a divulgação dos dados e das informações relevantes acerca do meio ambiente; a imposição de punições e os meios de recuperação e/ou indenização referentes aos danos causados aos recursos ambientais.

Retomando o texto do art. 2º, seus incisos apresentam uma lista de princípios que devem ser atendidos no cumprimento da PNMA:

Art. 2º [...]

I – ação governamental na manutenção do equilíbrio ecológico, considerando o meio ambiente como um patrimônio público a ser necessariamente assegurado e protegido, tendo em vista o uso coletivo;

II – racionalização do uso do solo, do subsolo, da água e do ar;

III – planejamento e fiscalização do uso dos recursos ambientais;

IV – proteção dos ecossistemas, com a preservação de áreas representativas;

V – controle e zoneamento das atividades potencial ou efetivamente poluidoras;

VI – incentivos ao estudo e à pesquisa de tecnologias orientadas para o uso racional e a proteção dos recursos ambientais;

VII – acompanhamento do estado da qualidade ambiental;

VIII – recuperação de áreas degradadas;

IX – proteção de áreas ameaçadas de degradação;

X – educação ambiental a todos os níveis de ensino, inclusive a educação da comunidade, objetivando capacitá-la para participação ativa na defesa do meio ambiente. (Brasil, 1981)

São contemplados, aqui, o planejamento e a fiscalização do uso dos recursos ambientais; o controle e o zoneamento das atividades potenciais ou efetivamente poluidoras; e o acompanhamento do estado da qualidade ambiental.

— 2.2.1 —
Relevância da PNMA para a construção do atual direito ambiental brasileiro

Como já mencionamos, a PNMA tornou-se um marco importante para o estabelecimento de políticas públicas relacionadas à melhoria da qualidade ambiental condicionado à instrumentos de proteção e padrões ambientais para o desenvolvimento socioeconômico nacional. Antes dela, a produção normativa para formular políticas públicas nessa perspectiva praticamente não existia.

Com a PNMA, constatou-se um novo campo de investigação a ser assimilado e trabalhado pela doutrina jurídica brasileira, em harmonia com vários ramos do saber. Surgiu a necessidade de uma especialização doutrinária capaz de fornecer uma investigação mais aprofundada e sistêmica, justamente por sua inter ou multidisciplinaridade.

Assim, iniciou-se a construção do atual direito ambiental no Brasil, ramo da ciência jurídica caracterizado pelas fortes relações com a ecologia, a sociologia e a economia, além do direito constitucional, administrativo, civil, penal e empresarial. Em sintonia com a doutrina estrangeira, o primeiro pesquisador brasileiro a voltar-se ao direito ambiental como disciplina autônoma foi Paulo Affonso Leme Machado (2018, p. 70), que assim se manifestou:

Na medida em que o ambiente é a expressão de uma cisão global das intenções e das relações dos seres vivos entre eles e seu meio, não é surpreendente que o Direito Ambiental seja um Direito de caráter horizontal, que recubra os diferentes ramos clássicos do direito (Direito civil, Direito administrativo, Direito penal, Direito internacional), é um Direito de interações, que se encontra disperso nas várias regulamentações.

A relevância de seu caráter transfronteiriço é realçada pela doutrina:

> Além de interdisciplinares, é unânime a afirmação de que esse Direito Fundamental de "terceira geração" é transfronteiriço e transgeracional, vez que não conhece fronteiras e que as agressões ambientais não afetam somente o presente, mas sim todo o futuro da humanidade. Por fim, a discutida autonomia do Direito Ambiental surge a partir da criação da Lei da Política Nacional do Meio Ambiente, que trouxe os requisitos necessários para tornar esse novel ramo em uma ciência jurídica independente, contendo regime jurídico próprio. (Bulzico, 2009, p. 194)

Cientes dessas premissas que esclarecem a importância da PNMA na construção do atual direito ambiental brasileiro, passaremos a analisar os aspectos críticos da norma.

— 2.2.2 —
Aspectos críticos da PNMA

A regulamentação ambiental não se limita a simples normatizações sobre a natureza; deve incluir também a noção de *habitat* do homem, formado por natureza e cultura, por conhecimento social e comunicação. A normatização ambiental é uma questão complexa, que abrange ciência, ética, técnica jurídica e diversas ciências (Bulzico, 2009, p. 195).

Justamente nesse ponto é que se encontram algumas carências da Lei n. 6.938/1981. Com base na normatividade dessa política, a doutrina ambiental vem incorporando e aprofundando categorias jurídicas por ela estabelecidas, como a noção de meio ambiente, em seu art. 3º: "o conjunto de condições, leis, influências e interações de ordem física, química e biológica, que permite, abriga e rege a vida em todas as suas formas" (Brasil, 1981).

Nesse conceito, percebemos que o conteúdo não está voltado para um aspecto de extrema importância da problemática ambiental, que é a interação do indivíduo com seu meio. A definição legal considera o meio ambiente do ponto de vista biológico, e não social, cuja abordagem é fundamental (Bulzico, 2009).

Em outros termos, podemos dizer que a conceituação é ampla e vaga na referida lei, dando ensejo às críticas doutrinárias, tal qual a formulada por Antunes (2019, p. 155): "O conceito normativo estabelecido em sede legal, cuja precisão tem sido posta em dúvida pela doutrina especializada em razão de sua falta de clareza, tem uma matriz claramente tecnocrática e não política".

A imprecisão e a amplitude interpretativa da definição de meio ambiente obrigou a doutrina jurídica a concebê-la como uma grande moldura. A partir de então, tornou-se necessário relacionar o conceito de meio ambiente com as mais variadas formas de interferência humana. Entretanto, ao buscar nos demais ramos do direito algum instrumental, deparou-se com categorias jurídicas não informadas originalmente pela dimensão contemporânea dos direitos difusos (como direito de propriedade, atividade econômica, direito de construir), obstando sua efetiva proteção.

A doutrina alerta para a mudança dessa perspectiva:

> Referida situação só foi revertida com o início do processo democrático brasileiro, que exigiu a mudança da ordem constitucional. Em sintonia com as inovações constitucionais ao logo do globo, a Constituição da República Federativa do Brasil, de 05 de outubro de 1988, estabeleceu o direito ao meio ambiente como Direito Fundamental, sendo entendida sua qualidade como essencial à saúde e à vida humana. A partir de então o exercício da atividade econômica e da função social da propriedade ficar condicionado à defesa, à fiscalização e à reparação do meio ambiente. (Bulzico, 2009, p. 196)

Esclarecida a abrangência desse conteúdo, cumpre agora avaliarmos os órgãos públicos responsáveis pela atuação em prol da tutela do meio ambiente.

— 2.3 —
Sistema Nacional do Meio Ambiente (Sisnama)

A Constituição Federal de 1998 determinou, em seu art. 225, que o meio ambiente é um bem público e comum do povo, necessário para a vida e a saúde. Para defendê-lo, a Lei n. 6.938/1981 instituiu o Sistema Nacional do Meio Ambiente (Sisnama), composto por um conjunto de órgãos e entidades, que tem como atribuições gerais emitir normas de aplicação da legislação ambiental em todo o território nacional, além de coordenar sua implementação.

Os referidos órgãos e entidades podem pertencer à União, aos estados, ao Distrito Federal e aos municípios. Devem preocupar-se com a preservação do meio ambiente, bem como buscar métodos para melhorar o desenvolvimento e estabelecer a recuperação da qualidade ambiental no Brasil.

— 2.3.1 —
Estrutura do Sisnama

Segundo o art. 6º da Lei n. 6.938/1981, o Sisnama encontra-se estruturado da seguinte forma:

> Art. 6º Os órgãos e entidades da União, dos Estados, do Distrito Federal, dos Territórios e dos Municípios, bem como as fundações instituídas pelo Poder Público, responsáveis pela proteção

e melhoria da qualidade ambiental, constituirão o Sistema Nacional do Meio Ambiente-SISNAMA, assim estruturado:

I - órgão superior: o Conselho de Governo, com a função de assessorar o Presidente da República na formulação da política nacional e nas diretrizes governamentais para o meio ambiente e os recursos ambientais;

II - órgão consultivo e deliberativo: o Conselho Nacional do Meio Ambiente (CONAMA), com a finalidade de assessorar, estudar e propor ao Conselho de Governo, diretrizes de políticas governamentais para o meio ambiente e os recursos naturais e deliberar, no âmbito de sua competência, sobre normas e padrões compatíveis com o meio ambiente ecologicamente equilibrado e essencial à sadia qualidade de vida;

III - órgão central: a Secretaria do Meio Ambiente da Presidência da República, com a finalidade de planejar, coordenar, supervisionar e controlar, como órgão federal, a política nacional e as diretrizes governamentais fixadas para o meio ambiente;

IV - órgãos executores: o Instituto Brasileiro do Meio Ambiente e dos Recursos Naturais Renováveis-IBAMA e o Instituto Chico Mendes de Conservação da Biodiversidade-Instituto Chico Mendes, com a finalidade de executar e fazer executar a política e as diretrizes governamentais fixadas para o meio ambiente, de acordo com as respectivas competências;

V - Órgãos Seccionais: os órgãos ou entidades estaduais responsáveis pela execução de programas, projetos e pelo controle e fiscalização de atividades capazes de provocar a degradação ambiental;

VI – Órgãos Locais: os órgãos ou entidades municipais, responsáveis pelo controle e fiscalização dessas atividades, nas suas respectivas jurisdições;

§ 1º Os Estados, na esfera de suas competências e nas áreas de sua jurisdição, elaborarão normas supletivas e complementares e padrões relacionados com o meio ambiente, observados os que forem estabelecidos pelo CONAMA.

§ 2º Os Municípios, observadas as normas e os padrões federais e estaduais, também poderão elaborar as normas mencionadas no parágrafo anterior.

§ 3º Os órgãos central, setoriais, seccionais e locais mencionados neste artigo deverão fornecer os resultados das análises efetuadas e sua fundamentação, quando solicitados por pessoa legitimamente interessada.

§ 4º De acordo com a legislação em vigor, é o Poder Executivo autorizado a criar uma Fundação de apoio técnico científico às atividades do IBAMA. (Brasil, 1981)

O órgão superior é o **Conselho do Governo**, com a função principal de assessorar o presidente da República nos assuntos referentes à formulação da política nacional, bem como naquelas temáticas voltadas às diretrizes governamentais direcionadas ao meio ambiente e aos recursos naturais. Assim, o Conselho deve ser formado pelos ministros de Estado, pelos titulares essenciais da presidência da República e pelo advogado-geral da União. O presidente do referido Conselho é o presidente da República ou, nos casos em que este preferir, o ministro da Casa Civil.

O **Conselho Nacional do Meio Ambiente** (Conama) é o órgão consultivo e deliberativo do Sisnama. Tem como finalidade apresentar propostas e estudos, bem como prestar assessoria ao Conselho do Governo, a fim de discutir diretrizes para políticas referentes ao meio ambiente e aos recursos naturais. Além disso, tem a função de deliberação, no que lhe competir, de normas e padrões que sejam compatíveis com a existência e a promoção de um ambiente ecologicamente equilibrado.

O órgão central é composto pelo **Ministério do Meio Ambiente**, que substituiu a Secretaria do Meio Ambiente da Presidência da República. A finalidade desse ministério é voltada para o planejamento, a coordenação, a supervisão e o controle dos órgãos federais, da política nacional e das diretrizes governamentais que têm como foco o meio ambiente.

Os **órgãos executores** do Sisnama são formados pela parceria entre o Instituto Brasileiro do Meio Ambiente e dos Recursos Naturais Renováveis (**Ibama**), e o Instituto Chico Mendes de Conservação de Biodiversidade (**ICMBio**). O primeiro deles, Ibama, desenvolve suas atividades com foco na execução das propostas apresentadas pelos órgãos federais, pela PNMA e pelas diretrizes governamentais. É uma autarquia federal dotada de regime especial e que tem vinculação com o Ministério do Meio Ambiente.

Já o ICMBio, de acordo com as informações de seu portal:

> O Instituto Chico Mendes de Conservação da Biodiversidade é uma autarquia em regime especial. Criado dia 28 de agosto

de 2007, pela Lei 11.516, o ICMBio é vinculado ao Ministério do Meio Ambiente e integra o Sistema Nacional do Meio Ambiente (Sisnama).

Cabe ao Instituto executar as ações do Sistema Nacional de Unidades de Conservação, podendo propor, implantar, gerir, proteger, fiscalizar e monitorar as UCs instituídas pela União. Cabe a ele ainda fomentar e executar programas de pesquisa, proteção, preservação e conservação da biodiversidade e exercer o poder de polícia ambiental para a proteção das Unidades de Conservação federais. (Brasil, 2021b)

Os **órgãos seccionais**, por sua vez, são formados por órgãos ou entidades de nível estadual, responsáveis pela execução de programas e projetos, assim como pelo controle e pela fiscalização das atividades que possam gerar algum tipo de prejuízo no território estadual. Para cumprir tais funções, o estado pode organizar-se de forma a criar os seus próprios órgãos e instituições.

Por fim, os **órgãos locais** compreendem as funções assumidas pelo município, que deve destinar uma entidade para controlar e fiscalizar as atividades que podem gerar algum tipo de prejuízo ou dano em sua jurisdição.

Estrutura do Conama e a criação de normas ambientais

O Conama é constituído por Plenário, Comitê de Integração de Políticas Ambientais (Ciam), grupos assessores, câmaras técnicas e grupos de trabalho. É presidido pelo ministro do Meio

Ambiente. A Secretaria Executiva fica a cargo do secretário-executivo do Ministério do Meio Ambiente.

O Conselho é um colegiado de cinco setores: órgãos federais, estaduais e municipais, setor empresarial e entidades ambientalistas. Compõem o Plenário:
- o Ministro de Estado do Meio Ambiente, que o presidirá
- o Secretário-Executivo do Ministério do Meio Ambiente, que será o seu Secretário-Executivo;
- o Presidente do Ibama;
- um representante dos seguintes Ministérios, indicados pelos titulares das respectivas Pastas:
    - Casa Civil da Presidência da República;
    - Ministério da Economia;
    - Ministério da Infraestrutura;
    - Ministério da Agricultura, Pecuária e Abastecimento;
    - Ministério de Minas e Energia;
    - Ministério do Desenvolvimento Regional;
    - Secretaria de Governo da Presidência da República;
- um representante de cada região geográfica do País indicado pelo governo estadual;
- dois representantes de Governos municipais, dentre as capitais dos Estados;

- quatro representantes de entidades ambientalistas de âmbito nacional inscritas, há, no mínimo, um ano, no Cadastro Nacional de Entidades Ambientalistas–Cnea, mediante carta registrada ou protocolizada junto ao Conama;
- dois representantes indicados pelas seguintes entidades empresariais:
    - Confederação Nacional da Indústria;
    - Confederação Nacional do Comércio;
    - Confederação Nacional de Serviços;
    - Confederação Nacional da Agricultura;
    - Confederação Nacional do Transporte.
- O Ministério Público Federal poderá indicar um representante, titular e suplente, para participar do Plenário do Conama na qualidade de membro convidado, sem direito a voto.

As Câmaras Técnicas são instâncias encarregadas de desenvolver, examinar e relatar ao Plenário as matérias de sua competência. O Regimento Interno prevê a existência de 2 Câmaras Técnicas, compostas por 10 Conselheiros. Os Grupos de Trabalho são criados por tempo determinado para analisar, estudar e apresentar propostas sobre matérias de sua competência. (Brasil, 2021c)

De acordo com seu regimento interno, existe a previsão de duas câmaras técnicas, as quais devem ser compostas de dez conselheiros. Os grupos de trabalho devem ter tempo determinado para analisar, estudar e apresentar propostas sobre matérias de sua competência.

São outras atribuições do Conama:

- solicitar, quando julgar necessário, a realização de estudos das alternativas e das possíveis consequências ambientais de projetos públicos ou privados e requisitar aos órgãos federais, estaduais e municipais, bem como às entidades privadas, informações, notadamente as indispensáveis à apreciação de estudos prévios de impacto ambiental e dos respectivos relatórios, no caso de obras ou atividades de significativa degradação ambiental, em especial nas áreas consideradas patrimônio nacional;
- determinar, mediante representação do Ibama, a perda ou a restrição de benefícios fiscais concedidos pelo Poder Público, em caráter geral ou condicional, e a perda ou a suspensão de participação em linhas de financiamento em estabelecimentos oficiais de crédito;
- estabelecer normas e padrões nacionais de controle da poluição causada por veículos automotores, aeronaves e embarcações, em audiência dos ministérios competentes;
- estabelecer normas, critérios e padrões relativos ao controle e à manutenção da qualidade do meio ambiente, com vistas ao uso racional dos recursos ambientais, principalmente os hídricos, e definir critérios técnicos para a declaração de áreas críticas, saturadas ou em vias de saturação;

- acompanhar a implementação do Sistema Nacional de Unidades de Conservação da Natureza (SNUC) conforme disposto no inciso I do art. 6º da Lei n. 9.985, de 18 de julho de 2000;
- incentivar a criação, a estruturação e o fortalecimento institucional dos conselhos estaduais e municipais de meio ambiente e gestão de recursos ambientais e dos comitês de bacia hidrográfica;
- avaliar regularmente a implementação e a execução da política e normas ambientais do país, estabelecendo sistemas de indicadores;
- recomendar ao órgão ambiental competente a elaboração do Relatório de Qualidade Ambiental, previsto no inciso X do art. 9º da Lei n. 6.938/1981.

Por fim, são atos do Conama as resoluções referentes à deliberação vinculada a diretrizes e normas técnicas, a critérios e padrões relativos à proteção ambiental e ao uso sustentável dos recursos ambientais. O Conama também pode manifestar-se por moções relacionadas com a temática ambiental; fazer recomendações sobre implementação de políticas, programas públicos e normas com repercussão na área ambiental, inclusive sobre os termos de parceria de que trata a Lei n. 9.790, de 23 de março de 1999; fazer proposições sobre matéria ambiental a ser encaminhada ao Conselho de Governo ou às comissões do Senado Federal e da Câmara dos Deputados.

— 2.4 —
Instrumentos da PNMA

Servem para contribuir para a implementação da PNMA, fazendo com que os objetivos e os princípios traçados sejam efetivamente alcançados. Apresentados no art. 9º da Lei n. 9.638/1981, os instrumentos são meios práticos de fazer valer as regras traçadas para harmonizar o desenvolvimento de atividades econômicas e preservação do ambiente, de modo a permitir a continuidade da vida humana. Não devem ser confundidos com os instrumentos materiais previstos no capítulo próprio da Constituição nem com instrumentos processuais, legislativos ou administrativos.

Desse modo, os instrumentos da PNMA são o licenciamento ambiental e a avaliação de impacto ambiental, que, em razão da grande relevância no direito ambiental, serão objeto de estudo mais aprofundado a seguir. Antes, no entanto, examinaremos de maneira ampla os instrumentos apresentados na lei.

— 2.4.1 —
Instrumentos em espécie

Os instrumentos da PNMA estão elencados no art. 9º da Lei n. 6.938/1981:

> Art. 9º São Instrumentos da Política Nacional do Meio Ambiente:
>
> I – o estabelecimento de padrões de qualidade ambiental;

II - o zoneamento ambiental;

III - a avaliação de impactos ambientais;

IV - o licenciamento e a revisão de atividades efetiva ou potencialmente poluidoras;

V - os incentivos à produção e instalação de equipamentos e a criação ou absorção de tecnologia, voltados para a melhoria da qualidade ambiental;

VI - a criação de espaços territoriais especialmente protegidos pelo Poder Público federal, estadual e municipal, tais como áreas de proteção ambiental, de relevante interesse ecológico e reservas extrativistas;

VII - o sistema nacional de informações sobre o meio ambiente;

VIII - o Cadastro Técnico Federal de Atividades e Instrumento de Defesa Ambiental;

IX - as penalidades disciplinares ou compensatórias ao não cumprimento das medidas necessárias à preservação ou correção da degradação ambiental.

X - a instituição do Relatório de Qualidade do Meio Ambiente, a ser divulgado anualmente pelo Instituto Brasileiro do Meio Ambiente e Recursos Naturais Renováveis–IBAMA;

XI - a garantia da prestação de informações relativas ao Meio Ambiente, obrigando-se o Poder Público a produzi-las, quando inexistentes;

XII - o Cadastro Técnico Federal de atividades potencialmente poluidoras e/ou utilizadoras dos recursos ambientais.

XIII - instrumentos econômicos, como concessão florestal, servidão ambiental, seguro ambiental e outros. (Brasil, 1981)

O **estabelecimento de padrões de qualidade ambiental** compreende medidas que visam reduzir o impacto ambiental por meio de parâmetros socialmente toleráveis para a utilização dos bens naturais.

O **zoneamento ambiental** é o estudo especializado das características inerentes a cada área, de modo a conhecer suas fragilidades e potencialidades. Assim, divide-se o território em zonas e, com essa divisão, são definidas as áreas que serão protegidas, recuperadas e destinadas ao desenvolvimento sustentável. Portanto, consiste em um planejamento do uso do solo.

A **avaliação de impactos ambientais** é o exame ou estudo prévio especializado dos impactos ambientais de um projeto, obra, atividade, plano ou política que possam ter um impacto negativo sobre o meio ambiente. O Estudo dos Impactos Ambientais (EIA) também está previsto na Constituição Federal, em seu art. 225, parágrafo 1º, inciso IV. Cumpre informar que a Resolução do Conama n. 1, de 23 de janeiro de 1986, dispõe de um rol exemplificativo de atividades que precisam de avaliação de impactos ambientais, entre as quais podemos destacar: ferrovias, portos, oleodutos e minerodutos (Brasil, 1986).

Quanto ao **licenciamento** e à **revisão de atividades efetiva ou potencialmente poluidoras**, cumpre esclarecer que se trata de uma autorização do Estado para a utilização dos recursos naturais. São um importante meio de controle do Poder Público para atividades que possam ser prejudiciais ao meio ambiente.

Os incentivos à produção e à instalação de equipamentos e a criação ou absorção de tecnologia voltados para a **melhoria da qualidade ambiental** também são instrumentos da PNMA. Ainda, há a criação de **espaços territoriais especialmente protegidos** pelo Poder Público federal, estadual e municipal, tais como áreas de proteção ambiental e de relevante interesse ecológico e reservas extrativistas. Esses locais constituem espaços de preservação ambiental (preceito constitucional disposto no art. 225, parágrafo 1º, inciso III), área de preservação permanente e reserva legal.

O **Sistema Nacional de Informações sobre o Meio Ambiente (Sinima)** é um canal de informação utilizado pelo Poder Público. Integra uma política de informação do Ministério do Meio Ambiente e constitui instrumento disponível para a sociedade a fim de que o cidadão possa fiscalizar a proteção ao meio ambiente.

O Cadastro Técnico Federal de Atividades e Instrumentos de Defesa Ambiental **(CTF/AIDA)** é um banco de dados que registra pessoas físicas ou jurídicas que se dedicam à consultoria técnica sobre problemas ecológicos e ambientais. Já o Cadastro Técnico Federal de Atividades Potencialmente Poluidoras e/ou Utilizadoras dos Recursos Ambientais **(CTF/APP)** registra as empresas que necessitam de controle ambiental e que devem instalar aparelhos e instrumentos destinados ao controle de atividades efetiva ou potencialmente poluidoras. Nesse caso, é cobrada da empresa uma Taxa de Controle e Fiscalização Ambiental **(TCFA)**, que tem como fato gerador o poder de polícia dos órgãos de fiscalização e controle das atividades poluidoras ou que utilizam recursos naturais e são potencialmente poluidoras.

A instituição do **Relatório de Qualidade do Meio Ambiente**, divulgado anualmente pelo Ibama, atende ao princípio constitucional da publicidade e do acesso à informação.

Por fim, os **instrumentos econômicos**, como concessão florestal, servidão ambiental, seguro ambiental e outros, representam meios alternativos de fiscalização e controle das atividades que podem trazer danos ao meio ambiente.

— 2.4.2 —
Padrões de qualidade ambiental

Como vimos anteriormente, o Conama é responsável por prestar assessoria, realizar estudos e propor ao governo ações e meios para que a exploração e a preservação do meio ambiente e dos recursos naturais sejam devidamente realizadas. O conselho também deve criar normas e determinar padrões compatíveis com o meio ambiente ecologicamente equilibrado e atuar como órgão consultivo e deliberativo do Sisnama.

Portanto, o Conama estabelece resoluções que abordam os limites toleráveis aos usos dos bens naturais, tendo em vista um padrão de qualidade definido, que deve estar diretamente relacionado às principais características do bem natural em questão. Apesar das atribuições legais do Conama, órgãos ambientais estaduais e municipais também podem estabelecer limites de qualidade ambiental, desde que observados os interesses regionais e locais, e tais critérios podem ser diferenciados e até mesmo mais rígidos.

No Brasil, o Conama já regulamentou os padrões de qualidade do ar, das águas e dos níveis de ruídos. As resoluções do Conama, portanto, são normas de cunho técnico, expedidas com a estrita finalidade de produzir disposições operacionais uniformizadoras necessárias à fiel execução da lei. Jamais podem inovar o mundo jurídico e/ou criar obrigações, restrições ou proibições. São subordinadas e dependentes de uma lei, além de precárias, podendo ser revogadas a qualquer momento.

Muito embora não possa legislar, o Conama faz uso dessa forma de regulamentação para estabelecer diretrizes e parâmetros de aplicação da PNMA e para a gestão de recursos ambientais, tomando para si a iniciativa de debater e deliberar acerca de normas, critérios e padrões para controle e manutenção de qualidade do meio ambiente, no uso racional dos recursos. Atribuem tal competência ao conselho os incisos I, VI e VII do art. 8º da Lei n. 6.938/1981.

Para tanto, nas resoluções do Conama, permite-se interpretar a letra da lei em fatores físicos, químicos e geográficos, conforme a realidade factual, sempre vinculando-se à proteção do bem jurídico por instituição legal, nunca por ato normativo. Eventualmente, tais resoluções correm o risco de extrapolar os limites de seu objetivo principal. Várias são as razões: algumas chegam a ser editadas com base em dispositivos de lei anterior à Constituição Federal sem questionamento algum sobre a recepção ou a validade da legislação na ordem constitucional vigente; outras atuam como leis, estabelecendo deveres e restringindo direitos, mesmo não sendo competentes para isso. Logo, diante de seu caráter precário, podem ser revogadas ou alteradas a qualquer momento.

O pressuposto básico violado nesses casos é o da segurança jurídica, a qual é garantida mediante a preservação inflexível do que está estabelecido nas normas ambientais. Trata-se de um valor absoluto, que deve prevalecer sobre qualquer outro, fato que está muito longe de ser verdade. A ausência de legislação federal sobre o tema gera o excesso de discricionariedade do Conama ao editar suas resoluções. Isso ocasiona grande dúvida ao agente fiscalizador do órgão licenciante durante a execução de seu trabalho, o que leva à aplicação de diferentes medidas para casos semelhantes no que tange à imposição de obrigações e restrições de direitos. O fato de existir tratamento diferenciado e determinado por normas precárias provoca a insegurança jurídica nos investidores, que precisam de grandes reservas monetárias para manter seus empreendimentos de acordo com as normas ambientais do país.

O empresário que pretende investir no Brasil quer estar certo de que as normas serão cumpridas. Espera que o Estado viabilize a segurança jurídica para saber quais são seus direitos e deveres. Ao não se respeitar esse princípio, eleva-se a dificuldade de atrair investidores para o país e, consequentemente, o Risco Brasil aumenta.

Padrões de qualidade do ar

Atualmente, a Resolução n. 491, de 19 de novembro de 2018, é a responsável por dispor sobre padrões de qualidade do ar. Para estipular os limites de emissão de poluentes no ar, o Conama levou em consideração os padrões nacionais de qualidade do ar como parte estratégica do Programa Nacional de Controle da Qualidade do Ar (Pronar); são instrumentos complementares e referenciais. Ainda utilizou como referência os valores guia de qualidade do ar recomendados pela Organização Mundial da Saúde (OMS) em 2005, bem como seus critérios de implementação.

De acordo com o art. 2º da referida resolução, o padrão de qualidade do ar pode ser assim entendido:

> II – padrão de qualidade do ar: um dos instrumentos de gestão da qualidade do ar, determinado como valor de concentração de um poluente específico na atmosfera, associado a um intervalo de tempo de exposição, para que o meio ambiente e a saúde da população sejam preservados em relação aos riscos de danos causados pela poluição atmosférica; (Brasil, 2018)

Também cumpre ressaltarmos que, nos termos do art. 7º dessa resolução:

> Art. 7º O Ministério do Meio Ambiente deverá consolidar as informações disponibilizadas pelos órgãos ambientais estaduais e distrital referentes ao Plano de Controle de Emissões

Atmosféricas e Relatórios de Avaliação da Qualidade do Ar e apresentá-las ao CONAMA até o final do quinto ano da publicação desta Resolução, de forma a subsidiar a discussão sobre a adoção dos padrões de qualidade do ar subsequentes. (Brasil, 2018)

Assim, ficou estabelecido um plano nacional de controle de emissão de poluição atmosférica para assegurar a qualidade do ar para todos.

Padrões de qualidade das águas

Neste item, vamos apresentar as resoluções do Conama relacionadas aos padrões de qualidade das águas.

Primeiramente, citamos a Resolução do Conama n. 357, de 17 de março de 2005, que classifica as águas em doces, salobras e salinas. De acordo com o texto normativo:

> Art. 2º Para efeito desta Resolução são adotadas as seguintes definições:
>
> I – águas doces: águas com salinidade igual ou inferior a 0,5 ‰;
>
> II – águas salobras: águas com salinidade superior a 0,5 ‰ e inferior a 30 ‰;
>
> III – águas salinas: águas com salinidade igual ou superior a 30 ‰; [...] (Brasil, 2005)

No que tange à classificação das águas de acordo com o uso preponderante, o tema foi tutelado pela Resolução n. 12, de 19 de julho de 2000, desta vez não do Conama, mas do Conselho

Nacional de Recursos Hídricos (CNRH). O intuito desse enquadramento é fixar os critérios para o uso dos corpos d'água segundo os padrões estabelecidos pelas demais resoluções.

Padrões de qualidade para ruídos

Nesse caso, citamos a Resolução do Conama n. 1, de 8 de março de 1990:

> I – A emissão de ruídos, em decorrência de qualquer atividades industriais, comerciais, sociais ou recreativas, inclusive as de propaganda política. obedecerá, no interesse da saúde, do sossego público, aos padrões, critérios e diretrizes estabelecidos nesta Resolução. (Brasil, 1990c)

Ela determina como padrões federais aqueles recomendados pela NBR 10.151, da Associação Brasileira de Normas Técnicas (ABNT), originalmente de 1987 e atualmente em vigor após atualização em 2000 e retificação em 2003. Seu intuito, em última análise, é proteger a saúde, eis que parte do princípio de que os ruídos podem causar graves danos ao aparelho auditivo do ser humano, especialmente se ultrapassarem os limites estabelecidos pelas normas e acontecerem de forma contínua.

A emissão de ruídos por veículos é tratada por um conjunto de resoluções do Conama que estipulam o limite máximo aceitável e as tecnologias necessárias para reduzir os barulhos advindos de veículos. Com relação aos eletrodomésticos, o governo federal instituiu o Selo Ruído para incentivar a fabricação de produtos menos impactantes. Esse selo informa ao consumidor o ruído emitido pelo eletrodoméstico, possibilitando a escolha pelo produto mais silencioso.

— 2.5 —
Licenciamento ambiental

Além de ser um mecanismo prévio de controle de atividades que potencialmente possam causar danos ao meio ambiente, o licenciamento ambiental constitui um dos mais importantes instrumentos da gestão ambiental brasileira. Ele consagra a ideia de que o bem ambiental é indisponível, não podendo incidir sobre ele nenhum direito adquirido.

A Lei n. 6.938/1981 traz, em seu art. 9º, o licenciamento como um dos instrumentos da PNMA:

> Art. 9º São Instrumentos da Política Nacional do Meio Ambiente:
> [...]
> IV – o licenciamento e a revisão de atividades efetiva ou potencialmente poluidoras; [...] (Brasil, 1981)

Legalmente, o licenciamento ambiental foi conceituado pela Lei Complementar n. 140, de 8 de dezembro de 2011, no inciso I do art. 2º. Vejamos:

I – licenciamento ambiental: o procedimento administrativo destinado a licenciar atividades ou empreendimentos utilizadores de recursos ambientais, efetiva ou potencialmente poluidores ou capazes, sob qualquer forma, de causar degradação ambiental; (Brasil, 2011)

Portanto, constitui-se em um procedimento administrativo (Fiorillo, 2019), um conjunto de atos que tem como objetivo final fazer com que aquele que vai desenvolver uma atividade potencialmente poluidora demonstre ao Poder Público – guardião do meio ambiente e titular da competência ambiental fiscalizadora – que tem condições de exercer determinada atividade sem causar danos ou que adotou todas as medidas necessárias para que o evento ambiental danoso não ocorra.

Neste ponto, precisamos distinguir *licença ambiental* de *licenciamento ambiental*. Podemos começar dizendo que a primeira é produto da segunda. O licenciamento ambiental, como já mencionamos, é um procedimento administrativo. A conclusão das etapas desse procedimento, caso sejam atendidos a todos os critérios necessários, gerará a licença ambiental correspondente, que é uma outorga concedida pelo Poder Público, com prazo de validade, para a realização das atividades humanas que possam vir a causar impactos ambientais.

Nessa outorga, a **licença ambiental**, são apresentadas regras, condições, restrições e medidas de controle ambiental que devem ser observadas pelo administrado. É o que dispõe o inciso II do art. 1º da Resolução do Conama n. 237, de 19 de dezembro de 1997:

> II – Licença Ambiental: ato administrativo pelo qual o órgão ambiental competente, estabelece as condições, restrições e medidas de controle ambiental que deverão ser obedecidas pelo empreendedor, pessoa física ou jurídica, para localizar, instalar, ampliar e operar empreendimentos ou atividades utilizadoras dos recursos ambientais consideradas efetiva ou potencialmente poluidoras ou aquelas que, sob qualquer forma, possam causar degradação ambiental. (Brasil, 1997c)

Sua orientação ocorre pelo princípio da prevenção, segundo o qual devem ser adotadas todas as medidas necessárias para se evitar um incidente ambiental. Ao Poder Público, nos termos do princípio da responsabilidade social, é atribuído constitucionalmente o dever de usar esse instrumento para prevenir e "controlar a produção, a comercialização e o emprego de técnicas, métodos e substâncias que comportem risco para a vida, a qualidade de vida e o meio ambiente" (Brasil, 1988).

Assim, podemos dizer que o **licenciamento ambiental** tem o objetivo de permitir o uso dos recursos naturais disponíveis para atender às atuais necessidades humanas, proporcionando o desenvolvimento sustentável e resguardando parte desses recursos para que as futuras gerações possam igualmente utilizá-los.

— 2.5.1 —
O que deve ser licenciado

São objeto do licenciamento ambiental as atividades que envolvam a utilização de recursos naturais ou que, de alguma maneira, correspondam a uma ameaça ao meio ambiente, o que deve ser analisado sempre de forma prévia ao desenvolvimento da atividade. Não só o empreendimento potencialmente poluidor deve estar licenciado, mas também as atividades ali exercidas. Assim determina o art. 10 da Lei n. 6.938/1981:

> Art. 10. A construção, instalação, ampliação e funcionamento de estabelecimentos e atividades utilizadores de recursos ambientais, efetiva ou potencialmente poluidores ou capazes, sob qualquer forma, de causar degradação ambiental dependerão de prévio licenciamento ambiental.

Quem deve obter o licenciamento junto ao órgão ambiental competente, por sua vez, é a pessoa, física ou jurídica, titular da atividade ou do empreendimento capaz, sob qualquer forma, de causar degradação ambiental (Sirvinskas, 2018, p. 80). Deve ser conferido em caráter personalíssimo, ou seja, apenas aquele que for assinalado no descritivo da licença ambiental está qualificado para ser o titular do empreendimento ou da atividade que estiver sendo licenciada.

Para alterar a titularidade, duas medidas devem ser tomadas previamente. Além de comunicar a transferência ao órgão ambiental licenciante, deve-se realizar uma avaliação técnica ambiental do local, nos termos da lei, de modo a estabelecer um marco temporal entre a alteração de titular e as possíveis inconformidades com a legislação ambiental. Dessa maneira, evitam-se equívocos no momento da responsabilização por eventuais danos ambientais causados.

— 2.5.2 —
Competência para licenciar

A Lei Complementar n. 140/2011 determina a distribuição de competências materiais entre os entes da federação em matéria ambiental. Em resumo, a expedição da licença ambiental compete, em caráter principal, ao órgão ambiental dos estados ou do Distrito Federal. Nesse sentido, estão sujeitos ao licenciamento estadual os empreendimentos e as atividades que causem ou possam causar impacto em mais de um município ou unidades de conservação de domínio estadual ou do Distrito Federal, em locais de preservação permanente e quando a União delegar tal atribuição por instrumento legal ou convênio.

Caso a área de influência direta do impacto ambiental seja diversa daquelas previstas na competência estadual, órgãos ambientais da União e dos municípios podem exercer essa função. Entretanto, o licenciamento ambiental apenas pode ocorrer em uma esfera: na União, no estado ou no município.

Assim, a União, por meio do Ibama, tem competência para licenciar quando o empreendimento ou a atividade é desenvolvido em mais de um Estado ou em todo o território nacional e, ainda, quando a norma ambiental específica confere expressamente tal competência à União (Milaré, 2018).

Por sua vez, ao município, por meio do respectivo conselho de meio ambiente, compete licenciar atividades e empreendimentos de interesse local, assim definidos em norma ambiental municipal. Entretanto, poucos são os municípios brasileiros que têm legislação ambiental municipal e recursos para manter um órgão ambiental local.

Também pode ser necessária a atuação de outros órgãos e entes federativos que não tenham competência licenciante ambiental para o caso. Isso representa mera colaboração, e não a realização de outro procedimento de licenciamento.

— 2.5.3 —
Espécies de licença ambiental

Por meio da licença ambiental, o órgão ambiental licenciante materializa e formaliza sua anuência com as condições apresentadas para o desenvolvimento da atividade ou do empreendimento potencialmente poluidor. É possível, ainda, impor a implementação de medidas mitigadoras.

Em regra, as licenças administrativas incorporam-se ao patrimônio jurídico do outorgado, entretanto, não ocorre o mesmo com as licenças ambientais, visto que não há direito adquirido em poluir ou degradar o meio ambiente. Logo, mesmo durante a vigência de seu prazo de validade, a licença ambiental pode ser suspensa, alterada ou cancelada na hipótese de graves e supervenientes riscos ao meio ambiente e à saúde pública, como prevê o inciso III do art. 19 da Resolução do Conama n. 237/1997:

> Art. 19. O órgão ambiental competente, mediante decisão motivada, poderá modificar os condicionantes e as medidas de controle e adequação, suspender ou cancelar uma licença expedida, quando ocorrer:
>
> I – Violação ou inadequação de quaisquer condicionantes ou normas legais.
>
> II – Omissão ou falsa descrição de informações relevantes que subsidiaram a expedição da licença.
>
> III – Superveniência de graves riscos ambientais e de saúde. (Brasil, 1997c)

A licença ambiental, todavia, não é só uma. Na verdade, existem três tipos, como prevê o art. 8º da referida resolução do Conama:

> Art. 8º O Poder Público, no exercício de sua competência de controle, expedirá as seguintes licenças:
>
> I – Licença Prévia (LP) – concedida na fase preliminar do planejamento do empreendimento ou atividade aprovando sua localização e concepção, atestando a viabilidade ambiental e estabelecendo os requisitos básicos e condicionantes a serem atendidos nas próximas fases de sua implementação;
>
> II – Licença de Instalação (LI) – autoriza a instalação do empreendimento ou atividade de acordo com as especificações constantes dos planos, programas e projetos aprovados,

incluindo as medidas de controle ambiental e demais condicionantes, da qual constituem motivo determinante;

III – Licença de Operação (LO) – autoriza a operação da atividade ou empreendimento, após a verificação do efetivo cumprimento do que consta das licenças anteriores, com as medidas de controle ambiental e condicionantes determinados para a operação.

Parágrafo único – As licenças ambientais poderão ser expedidas isolada ou sucessivamente, de acordo com a natureza, características e fase do empreendimento ou atividade. (Brasil, 1997c)

Como vimos, o artigo citado prevê três tipos de licenças: prévia, de instalação e de operação (funcionamento). Cada estado ou município pode agregar características diferenciadoras, tais como prazo de concessão e possibilidade de renovação. Contudo, a definição do que vem a ser cada uma delas é idêntica em todo o território nacional.

A concessão da **licença prévia** representa a concordância do órgão ambiental licenciante com o projeto da atividade ou do empreendimento a ser desenvolvido. Não dá o direito de iniciar as obras para instalação da infraestrutura do empreendimento, apenas atesta sua viabilidade de localização e estabelece as condicionantes para a elaboração dos projetos e dos planos de controle ambiental e para sua operação (Sirvinskas, 2018).

A **licença de instalação** autoriza a implementação do empreendimento ou atividade na área anteriormente aprovada, conforme os termos do projeto apresentado no momento do requerimento da licença prévia (Fiorillo, 2019). Dessa maneira, possibilita a terraplanagem, o cercamento, a edificação das instalações e a implementação dos sistemas de controle dos impactos ambientais, bem como as ampliações, as reformas e quaisquer outras atividades que visem interferir nas características arquitetônicas. Alguns estados admitem que as licenças prévia e de instalação sejam requeridas em conjunto, por representarem situações muito similares.

A **licença de operação** aprova o funcionamento do empreendimento apenas quando verificada a compatibilidade com o projeto apresentado e a eficácia das medidas de controle ambiental (Sirvinskas, 2018). Com sua concessão, o titular do empreendimento ou da atividade fica autorizado a desenvolvê-lo, desde que o faça de acordo com as características apresentadas ao órgão licenciante na oportunidade em que requereu as licenças prévia e de instalação.

Há ainda um quarto tipo de licença ambiental, não descrita no artigo anteriormente citado, mas prevista no parágrafo 2º do art. 12 da mesma resolução do Conama. É a **licença simplificada**, em que é permitido ao ente licenciante estabelecer um procedimento simplificado de licenciamento para as atividades de menor porte ou de menor potencial lesivo ao meio ambiente.

— 2.5.4 —
Tramitação do licenciamento ambiental

Quanto aos prazos para a tramitação do licenciamento, a própria Lei Complementar n. 140/2011 aponta que o procedimento não pode durar *ad eternum*:

> Art. 14. Os órgãos licenciadores devem observar os prazos estabelecidos para tramitação dos processos de licenciamento.
>
> § 1º As exigências de complementação oriundas da análise do empreendimento ou atividade devem ser comunicadas pela autoridade licenciadora de uma única vez ao empreendedor, ressalvadas aquelas decorrentes de fatos novos.
>
> § 2º As exigências de complementação de informações, documentos ou estudos feitas pela autoridade licenciadora suspendem o prazo de aprovação, que continua a fluir após o seu atendimento integral pelo empreendedor.
>
> § 3º O decurso dos prazos de licenciamento, sem a emissão da licença ambiental, não implica emissão tácita nem autoriza a prática de ato que dela dependa ou decorra, mas instaura a competência supletiva referida no art. 15. (Brasil, 2011)

Desse modo, não pode o Poder Público, indefinidamente, conduzir os procedimentos de licenciamento ambiental. Deve seguir com rigor os prazos estabelecidos pela lei e, mais ainda, todas as exigências para a concessão da licença devem ser feitas de uma só vez, de modo a não importunar o administrado com burocracias sem fim, dificultando a finalização do processo.

É importante observar também o disposto no parágrafo 3º do art. 14, que determina a instauração da **competência supletiva** no caso do decurso do prazo do licenciamento, de acordo com o que determina o art. 15 da mesma lei. Portanto, no caso de competência inicial do município, esta passará para o órgão responsável do estado e, por conseguinte, para a União.

Todavia, a competência supletiva não se verifica somente nos casos de decurso do prazo do processo de licenciamento, mas também quando o ente responsável não tiver estrutura ou órgão capaz de realizar o licenciamento. Vejamos:

> Art. 15. Os entes federativos devem atuar em caráter supletivo nas ações administrativas de licenciamento e na autorização ambiental, nas seguintes hipóteses:
>
> I – inexistindo órgão ambiental capacitado ou conselho de meio ambiente no Estado ou no Distrito Federal, a União deve desempenhar as ações administrativas estaduais ou distritais até a sua criação;
>
> II – inexistindo órgão ambiental capacitado ou conselho de meio ambiente no Município, o Estado deve desempenhar as ações administrativas municipais até a sua criação; e
>
> III – inexistindo órgão ambiental capacitado ou conselho de meio ambiente no Estado e no Município, a União deve desempenhar as ações administrativas até a sua criação em um daqueles entes federativos. (Brasil, 2011)

Por fim, é importante salientar que não se permite no Brasil o licenciamento ambiental por mais de um órgão ou ente federado.

Os demais entes federativos podem manifestar-se junto ao órgão responsável pela licença, mas de maneira não vinculante, respeitando os prazos e os procedimentos do licenciamento.

— 2.5.5 —
A relevância da Lei Complementar n. 140/2011 no licenciamento ambiental

A Lei Complementar n. 140/2011 é de grande importância para o licenciamento ambiental. Até sua publicação, a Resolução do Conama n. 237/1997 era o texto normativo responsável por regulamentar o tema. Entretanto, a regulamentação era precária, eis que a Constituição Federal, em seu art. 225, já havia determinado a necessidade de lei em sentido formal para tratar da matéria.

Por certo que essa lei complementar concretizou algumas mudanças no que tange às competências previstas na resolução do Conama. Tais mudanças se constituem em situações bem pontuais que auxiliaram na promoção da segurança jurídica no ordenamento, ao passo que proporcionaram previsibilidade da identificação do órgão ambiental competente. Assim, primeiramente, foi estabelecida a cooperação entre todos os entes da federação:

> Art. 6º As ações de cooperação entre a União, os Estados, o Distrito Federal e os Municípios deverão ser desenvolvidas de modo a atingir os objetivos previstos no art. 3º e a garantir

o desenvolvimento sustentável, harmonizando e integrando todas as políticas governamentais. (Brasil, 2011)

Adiante, citamos quatro artigos da lei complementar que especificaram as competências da União, dos estados, dos municípios e do Distrito Federal:

Art. 7º São ações administrativas da União:

[...]

XIV - promover o licenciamento ambiental de empreendimentos e atividades:

a) localizados ou desenvolvidos conjuntamente no Brasil e em país limítrofe;

b) localizados ou desenvolvidos no mar territorial, na plataforma continental ou na zona econômica exclusiva;

c) localizados ou desenvolvidos em terras indígenas;

d) localizados ou desenvolvidos em unidades de conservação instituídas pela União, exceto em Áreas de Proteção Ambiental (APAs);

e) localizados ou desenvolvidos em 2 (dois) ou mais Estados;

f) de caráter militar, excetuando-se do licenciamento ambiental, nos termos de ato do Poder Executivo, aqueles previstos no preparo e emprego das Forças Armadas, conforme disposto na Lei Complementar n. 97, de 9 de junho de 1999;

g) destinados a pesquisar, lavrar, produzir, beneficiar, transportar, armazenar e dispor material radioativo, em qualquer estágio, ou que utilizem energia nuclear em qualquer de suas formas e aplicações, mediante parecer da Comissão Nacional de Energia Nuclear (Cnen); ou

h) que atendam tipologia estabelecida por ato do Poder Executivo, a partir de proposição da Comissão Tripartite Nacional, assegurada a participação de um membro do Conselho Nacional do Meio Ambiente (Conama), e considerados os critérios de porte, potencial poluidor e natureza da atividade ou empreendimento;

Art. 8º São ações administrativas dos Estados:

XIII - exercer o controle e fiscalizar as atividades e empreendimentos cuja atribuição para licenciar ou autorizar, ambientalmente, for cometida aos Estados;

XIV - promover o licenciamento ambiental de atividades ou empreendimentos utilizadores de recursos ambientais, efetiva ou potencialmente poluidores ou capazes, sob qualquer forma, de causar degradação ambiental, ressalvado o disposto nos arts. 7º e 9º;

XV - promover o licenciamento ambiental de atividades ou empreendimentos localizados ou desenvolvidos em unidades de conservação instituídas pelo Estado, exceto em Áreas de Proteção Ambiental (APAs);

Art. 9º São ações administrativas dos Municípios:

XIV - observadas as atribuições dos demais entes federativos previstas nesta Lei Complementar, promover o licenciamento ambiental das atividades ou empreendimentos:

a) que causem ou possam causar impacto ambiental de âmbito local, conforme tipologia definida pelos respectivos Conselhos

Estaduais de Meio Ambiente, considerados os critérios de porte, potencial poluidor e natureza da atividade; ou

b) localizados em unidades de conservação instituídas pelo Município, exceto em Áreas de Proteção Ambiental (APAs);

Art. 10. São ações administrativas do Distrito Federal as previstas nos arts. 8º e 9º. (Brasil, 2011)

Em resumo, a lei alterou a competência para licenciar empreendimentos ou atividades localizadas em unidades de conservação instituídas pela União, exceto em APAs. Desse modo, a lei afastou a regra da resolução do Conama, que falava em domínio da União. Também eliminou o critério de abrangência de impacto para delimitar a competência desta. A lei complementar deixou claro, ainda, que o importante é o empreendimento ou a atividade estarem localizados na área descrita, sendo abolida a questão dos eventuais impactos diretos sobre essas áreas.

— 2.6 —
Avaliação de impactos ambientais

A avaliação de impactos ambientais é considerada um instrumento obrigatório para a realização de empreendimentos, construções e/ou qualquer tipo de atividades que tenham potencial para provocar alterações no meio ambiente. O referido instrumento auxilia os órgãos ambientais no processo de licenciamento ambiental. Depois de dar entrada no licenciamento, o empreendedor é informado acerca de qual empreendimento deve elaborar, tendo em vista as avaliações e os impactos que podem ser causados em determinada região.

Destacamos algumas das medidas adotadas na avaliação de impactos ambientais: estudo prévio de impacto ambiental; relatório ambiental; plano e projeto de controle ambiental; relatório preliminar ambiental; estudo de impacto de vizinhança, entre outros. Vejamos dois deles a seguir: o estudo prévio de impacto ambiental e o estudo de impacto de vizinhança.

— 2.6.1 —
Estudo Prévio de Impacto Ambiental (Epia)

O resultado das atividades humanas que prejudiquem ou ameacem prejudicar o meio ambiente, causando alteração em suas propriedades químicas, físicas e biológicas, denomina-se *impacto ambiental* (Sirvinskas, 2018).

No intuito de prevenir tais impactos, o licenciamento de empreendimentos ou atividades efetiva ou potencialmente prejudiciais deve ser precedido do **Estudo de Impacto Ambiental (EIA)** e do respectivo **Relatório de Impacto Ambiental (Rima)**. Machado (2018, p. 214) distingue os dois documentos da seguinte maneira: "O estudo é de maior abrangência que o relatório e o engloba em si mesmo. O EPIA compreende o levantamento da literatura científica e legal pertinente, trabalhos de campo, análises de laboratório e a própria redação do relatório".

O **EIA** consiste em um estudo dos prováveis impactos, isto é, das supostas modificações socioeconômicas e biofísicas que podem resultar de um projeto proposto. Já o **Rima** destina-se, exclusivamente, a esclarecer quais as vantagens e as consequências que o projeto trará ao meio ambiente se concretizado. Portanto, o "RIMA refletirá a conclusão do EIA" (Milaré, 2018). A necessidade ou não do EIA e do Rima é determinada pelo órgão ambiental responsável tanto pelo caso concreto quanto pela legislação emanada desse órgão.

Ambos os documentos são avaliados pelo órgão ambiental competente. Conforme o resultado, a licença ambiental pode ser emitida de imediato ou ser condicionada ao cumprimento de exigências técnicas e medidas mitigadoras. Pode, ainda, ser realizada uma audiência pública, ocasião em que a comunidade que possa sofrer influência da atividade potencialmente poluidora poderá manifestar-se sobre os resultados apresentados no EIA e no Rima.

No caso das atividades com instalações potencialmente poluidoras e causadoras de degradação, a licença concedida sem o prévio EIA é nula de pleno direito, cabendo ao Judiciário declarar tal nulidade. O enquadramento da atividade e a necessidade de elaboração do EIA e do Rima devem ser demonstrados pelo administrador de forma fundamentada por ato administrativo próprio.

Assim, a fundamentação legal do EIA e do Rima encontra previsão no art. 225, parágrafo 1º, inciso IV, da Constituição Federal de 1988. O texto define que, na forma da lei, é exigida a realização de um estudo prévio de impacto ambiental, dotado de publicidade, todas as vezes que forem instaladas obras e/ou forem exercidas atividades que possam gerar prejuízos ao meio ambiente.

O inciso constitucional citado refere-se justamente à PNMA, bem como à regulamentação presente na Resolução do Conama n. 1, de 23 de janeiro de 1986. Portanto, o estudo deve acontecer previamente à implementação, para que, se for o caso, eventuais danos sejam evitados. Além disso, tal análise também deve ter aspecto multidisciplinar, já que o impacto do empreendimento ou da atividade é avaliado por profissionais de diversas áreas e deve indicar se os impactos são favoráveis ou não ao meio ambiente, o nível das prováveis degradações ambientais e os meios que evitem e solucionem os impactos.

Essa equipe multidisciplinar, além de capacitada à realização do estudo, também deve ser contratada pelo empreendedor e devidamente cadastrada no Ibama. Os profissionais que a compõem devem desempenhar suas funções com excelência e responsabilidade, pois, caso contrário, podem responder civilmente pelas decisões proferidas nas conclusões dos seus estudos.

Nesse sentido, o EIA é composto por detalhamentos técnicos e científicos do projeto em análise, elaborado a fim de efetivar as informações obtidas como resultado do estudo, bem como deve incluir os métodos, o acompanhamento e o monitoramento da execução dessa análise. Já o Rima funciona como um resumo do EIA, porém mais acessível ao público, com a diferença de que o segredo industrial não faz parte do Rima.

Quando não for identificado se deve ser ou não feito o estudo, este deverá ser realizado, pois, na dúvida, é preferível que as medidas preventivas e protetivas sejam tomadas para que surpresas e danos ao meio ambiente sejam evitados.

Tendo em vista a necessidade e a determinação constitucional referentes à publicidade, podem ser realizadas audiências públicas para solucionar as dúvidas, assim como para escutar as críticas e as sugestões que dizem respeito ao estudo. A audiência não é obrigatória, contudo, se convocada, sua realização passa a ser obrigatória, sob pena de invalidação da licença que não tiver sido concedida por meio desse ato. Geralmente, a audiência acontece quando o órgão ambiental entender necessário, quando for solicitada por entidade civil, ou por 50 ou mais cidadãos, ou pelo Ministério Público.

— 2.6.2 —
Estudo de Impacto de Vizinhança (EIV)

Para além da preservação ambiental, os empreendimentos também precisam trazer algum benefício à população que será atingida por sua construção e implementação. Isso porque, de certa forma, mesmo que de acordo com a lei, parte de seus direitos relacionados ao meio ambiente e aos recursos naturais de determinada localidade serão atingidos, logo, é preciso uma espécie de compensação por aquilo que lhes foi retirado.

O EIV é um instrumento da política urbana que deve estar previsto na legislação municipal. É responsável por definir a área de construção permitida, com a fixação dos limites. Além disso, o município também deve responsabilizar-se pelas licenças e autorizações de construção e por um estudo eficiente e útil à sociedade atingida. A existência e a elaboração do EIV não substituem o EIA, pois ambos têm funções e papéis diferentes, que não podem ser suprimidos um pelo outro.

Capítulo 3

*Responsabilização por
danos ambientais*

O conceito de dano ambiental pode ser compreendido como toda lesão intolerável causado por qualquer ação humana (culposa ou não) ao meio ambiente. Embora a legislação ambiental não defina o conceito de dano ao meio ambiente, a doutrina faz uso dos conceitos legais de poluição e degradação contidos na Lei n. 6.938, de 31 de agosto de 1981. Assim, a poluição, seus tipos, suas causas e suas consequências, por si só, já podem ser considerados importantes danos ambientais. Entretanto, não são os únicos.

Os danos podem ser sentidos na esfera coletiva, uma vez que a prejudicam o meio ambiente ecologicamente equilibrado, conforme preceitua a Constituição Federal de 1988 em seu art. 225. Também podem provocar prejuízos à esfera individual, causando danos patrimoniais ou à saúde das pessoas.

Assim, faremos uma breve análise sobre o tema, abordando a tríplice forma de responsabilização que a legislação nacional adotou para punir o agente causador dos danos e para fomentar a reparação do bem jurídico ambiental.

— 3.1 —
Sociedade de risco e meio ambiente

O ambiente ecologicamente equilibrado, associado à disponibilidade e à qualidade de determinados recursos, é essencial ao desfrute dos demais direitos humanos, principalmente o direito à vida, à saúde e ao bem-estar. Para tanto, faz-se necessário um arcabouço normativo que determine aos estados, aos atores da economia e à coletividade o dever de proteger e preservar o meio ambiente de danos e de riscos de danos ambientais. Essa proteção como bem jurídico é recente; por muito tempo, seus recursos foram tratados como meros recursos econômicos.

Dessa forma, é possível afirmar que os instrumentos utilizados pelo direito para evitar a ocorrência de danos ambientais e para punir os responsáveis por praticá-los aprimoraram-se de acordo com a compreensão do valor que o meio ambiente representa para a vida humana e a complexidade dos riscos de cada momento histórico. Para entendermos a relação entre a sociedade de risco e o meio ambiente, é necessário traçar um paralelo entre a evolução da sociedade e os princípios jurídicos utilizados para o combate dos riscos e dos danos na esfera ambiental.

A partir do século XIX, com o surgimento da sociedade industrial, dividida em classes, novos fatos passaram a ser submetidos ao direito, à política e à economia. Para atender a tais demandas, o direito estruturou uma ciência jurídica sistematicamente organizada e representada pelas codificações; a economia começou a operar sob um modelo capitalista de forma industrial; a política iniciou as construções do Estado do bem-estar social (*Welfare State*).

Nessa etapa, conhecida como a **modernidade simples**, as novas tecnologias para a produção industrial massificada geraram situações de danos e riscos anteriormente inimagináveis. Tais riscos eram estratificados, ou seja, mantinham-se restritos a determinadas classes sociais em detrimento de outras, como os empregados das fábricas que laboravam em condições insalubres e periculosas por longas jornadas, ou os proprietários de terras pelas quais passavam as estradas de ferro e constantemente tinham suas plantações queimadas pelas brasas provenientes dos trens.

Com o aumento da população mundial, bem como de sua expectativa de vida, em meados do século XX passou-se a considerar que as aquisições evolutivas e as instituições sociais da sociedade industrial poderiam levar à destruição da vida humana no planeta, o que é descrito por Beck (2002) como uma **modernidade reflexiva**, em contraposição ao termo *modernidade simples*. Na modernidade reflexiva, a sociedade passa a ter de encarar e lidar com os riscos que ela própria produz. A sociedade de risco demarca a passagem de uma primeira modernidade, fundada na racionalidade cientificista do Estado e na calculabilidade e concretude dos riscos, para uma modernidade reflexiva, com riscos incalculáveis e abstratos.

Portanto, na modernidade simples da sociedade industrial, havia a distribuição dos riscos conforme a riqueza; já na modernidade reflexiva da sociedade de risco, tais riscos são socialmente produzidos sem que suas consequências possam ser delimitadas social, espacial e temporalmente. Dessa forma, o risco caracteriza-se pela possibilidade de prejuízos transfronteiriços e transgeracionais, o que demanda maior reflexão acerca das decisões feitas no presente.

Do exposto, é possível afirmar que, para combater os riscos decorrentes da sociedade industrial, o direito pautava-se na **prevenção**, exigindo a atuação antecipada diante de riscos concretos, conhecidos e estudados. Já para o combate dos riscos decorrentes da sociedade de risco, o direito pauta-se na **precaução**. Para tanto, prima-se por uma postura cautelosa, tendo em vista a incerteza dos efeitos decorrentes do uso de determinada tecnologia. A precaução do risco consiste na comunicação voltada para a previsão e o controle das consequências futuras da ação humana.

— 3.2 —
Abrangência do conceito de dano ambiental

Dano, de acordo com a teoria do interesse, é a lesão de interesse juridicamente protegido. O meio ambiente, conforme já citamos anteriormente, é um bem autônomo e unitário, de interesse jurídico múltiplo. Fazem parte de seu conceito as concepções natural, artificial, cultural e laboral, entre outras. O dano ambiental pode ser entendido como toda forma de prejuízo causada ao meio ambiente: degradação da qualidade ambiental, impactos que prejudiquem a saúde e o bem-estar da população em qualquer nível, danos que desfavoreçam a biodiversidade, a fauna e a flora, entre outras. Milaré define *dano ambiental* como "a lesão aos recursos ambientais, com consequente degradação – alteração adversa ou *in pejus* – do equilíbrio ecológico e da qualidade de vida" (Milaré, 2018, p. 51).

Logo, é possível afirmar que *dano ambiental* é a lesão aos recursos ambientais que venha a provocar degradação. Por sua vez, *degradação* é a alteração adversa ou *in pejus* do equilíbrio ecológico. O dano ambiental é caracterizado pela disseminação de vítimas (também conhecida como *pulverização de vítimas*). Isso significa afirmar que suas consequências atingem uma **pluralidade difusa**, mesmo quando, em aspectos particulares, alcançarem, de maneira mais evidente ou acentuada, sujeitos passíveis de identificação. Por isso é que se classifica o dano ambiental em *difuso* ou *particular*: aquele afeta a coletividade; este, um indivíduo em particular como titular do direito fundamental ao ambiente ecologicamente equilibrado e à sadia qualidade de vida.

A legislação nacional é a responsável por definir o conceito de dano ambiental. A Política Nacional do Meio Ambiente (PNMA), ao tratar da degradação e da qualidade ambiental e poluição, prevê o seguinte:

> Art. 3º Para os fins previstos nesta Lei, entende-se por:
>
> [...]
>
> II – degradação da qualidade ambiental, a alteração adversa das características do meio ambiente.
>
> III – poluição, a degradação da qualidade ambiental resultante de atividades que direta ou indiretamente:

a) prejudiquem a saúde, a segurança e o bem-estar da população;

b) criem condições adversas às atividades sociais e econômicas;

c) afetem desfavoravelmente a biota;

d) afetem as condições estéticas ou sanitárias do meio ambiente;

e) lancem matérias ou energia em desacordo com os padrões ambientais estabelecidos; (Brasil, 1981)

Mais uma vez destacamos a importância e a imprescindibilidade da Lei n. 6.938/1981, responsável por dispor sobre a PNMA, pois, com base em seu art. 14, podemos concluir que os danos ambientais englobam tanto aqueles causados ao meio ambiente quanto aqueles que podem atingir terceiros. Portanto, os referidos danos podem ser classificados como *dano ambiental coletivo* e *dano ambiental individual*. Segundo o texto de lei:

> Art. 14. Sem prejuízo das penalidades definidas pela legislação federal, estadual e municipal, o não cumprimento das medidas necessárias à preservação ou correção dos inconvenientes e danos causados pela degradação da qualidade ambiental sujeitará os transgressores [...].
>
> § 1º Sem obstar a aplicação das penalidades previstas neste artigo, é o poluidor obrigado, independentemente da existência de culpa, a indenizar ou reparar os danos causados ao meio ambiente e a terceiros, afetados por sua atividade. (Brasil, 1981)

Por fim, notemos que a preservação do meio ambiente e a respectiva fiscalização das atividades potencialmente danosas aos recursos naturais são de competência comum a todos os entes da federação.

— 3.2.1 —
Dano ambiental coletivo

Para identificar o dano coletivo, o Código de Defesa do Consumidor (CDC), no art. 81, define o que seria interesse coletivo, que, violado, gera um dano coletivo:

> Art. 81. A defesa dos interesses e direitos dos consumidores e das vítimas poderá ser exercida em juízo individualmente, ou a título coletivo.
>
> Parágrafo único. A defesa coletiva será exercida quando se tratar de:
>
> I – interesses ou direitos difusos, assim entendidos, para efeitos deste código, os transindividuais, de natureza indivisível, de que sejam titulares pessoas indeterminadas e ligadas por circunstâncias de fato;
>
> II – interesses ou direitos coletivos, assim entendidos, para efeitos deste código, os transindividuais, de natureza indivisível de que seja titular grupo, categoria ou classe de pessoas ligadas entre si ou com a parte contrária por uma relação jurídica base;
>
> III – interesses ou direitos individuais homogêneos, assim entendidos os decorrentes de origem comum. (Brasil, 1990b)

Os **direitos difusos** são transindividuais, ou seja, ultrapassam a esfera do indivíduo. Já os **direitos coletivos** pertencem a grupos ou categorias de pessoas específicas, com uma base jurídica em comum.

O dano ambiental coletivo também pode ser denominado *dano ambiental em sentido estrito* ou *dano ambiental propriamente dito*. Trata-se do dano causado ao patrimônio, difuso e coletivo. Atinge um número indeterminado de pessoas, logo, as propostas que buscam interromper sua execução, de forma preventiva ou repressiva, devem ser ajuizadas por meio de ação civil pública ou de ação popular — nos dois casos, devem ser observados os devidos legitimados para que as ações sejam dotadas de validade.

Como instrumentos utilizados para a defesa ambiental coletiva, temos a ação civil pública, disciplinada pela Lei n. 7.347, de 24 de julho de 1985, considerada por muitos como o meio mais adequado para reprimir ou impedir danos ao meio ambiente. A ação civil pública pode ser proposta pelo Ministério Público ou pelas demais pessoas previstas no texto normativo próprio. A ação popular, regulada pela Lei n. 4.717, de 29 de junho de 1965, também pode ser utilizada para o mesmo fim, bastando que existam os requisitos da ilegalidade e da lesividade do ato ou do fato que se pretende combater, tendo como titular o cidadão. Ainda outros instrumentos podem ser legalmente eficientes, como o mandado de segurança coletivo, criado pela Constituição Federal de 1988, art. 5º, inciso LXX.

— 3.2.2 —
Dano ambiental individual

Também intitulado *dano ambiental reflexo* ou *pessoal*, recebe esse nome por indicar a violação dos interesses pessoais daqueles legitimados a propor a reparação dos prejuízos patrimoniais e extrapatrimoniais. Em sua reparação, o objetivo não é a tutela dos valores ambientais, mas sim dos interesses próprios do lesado, relativos ao microbem ambiental.

Pela natureza individualizada desse dano, as ações públicas mencionadas na classificação anterior não têm validade nessa seara, contudo, podem ser ajuizadas ações individuais. O dano moral ou material sofrido em decorrência da violação das normas ambientais pode ser objeto de reparação ou indenização por meio de ações judiciais individuais. A decisão definitiva de tais demandas não gera coisa julgada para fins de uma eventual ação civil pública referente ao mesmo tema.

Assim, se o dano ambiental pode ser configurado de modo individual ou pessoal (a exemplo do caso em que apenas uma pessoa ou um grupo de pessoas seja lesado em seu caráter patrimonial ou moral), o indivíduo terá como instrumentos processuais disponíveis para defesa de seus interesses a **ação ordinária**, os **pedidos cautelares** e o **mandado de segurança**. Nesse caso, o interesse imediato é o de proteger a lesão ao patrimônio e os demais interesses da pessoa de modo particular. De forma mediata, defendem-se o meio ambiente da coletividade, sua proteção e o exercício da cidadania ambiental.

— 3.2.3 —
Características comuns aos danos ambientais

Os danos ambientais apresentam caraterísticas em comum. Vejamos o quadro a seguir.

Quadro 3.1 – Características dos danos ambientais

Dano	Descrição
Pulverização de vítimas	O dano comum atinge uma pessoa ou um conjunto individualizado de vítimas; já o dano ambiental atinge, necessariamente, uma coletividade difusa de vítimas, mesmo quando alguns aspectos particulares do dano se aplicam individualmente a certos sujeitos.
Difícil reparação	Frequentemente, em um dano ambiental, a reparação e volta ao estado inicial é quase impossível; a mera reparação pecuniária é sempre insuficiente e incapaz de recompor o dano. Como repor o desaparecimento de uma espécie? Como purificar um lençol freático contaminado por agrotóxicos?
Difícil valoração	Outro ponto delicado é o cálculo das consequências do dano. Em virtude de sua irreparabilidade, nem sempre é possível calcular o dano ambiental.

A primeira característica trata da pulverização de vítimas, também denominadas *vítimas difusas*. Em outras palavras, refere-se à grande quantidade de pessoas atingidas e a indeterminação das vítimas, já que há a dificuldade ou até mesmo a impossibilidade de listar aqueles que foram afetados pelo dano. Essa característica relaciona-se ao caráter ambivalente do dano ambiental, eis que suas consequências são alterações nocivas ao meio ambiente de forma geral e, ainda, podem atingir a saúde das pessoas e seus interesses individuais. A Lei n. 7.347/1985 passou a considerar o dano ambiental sob dois prismas: o da vítima imediata e o da vítima mediata.

Já a segunda característica aborda as dificuldades e as complexidades direcionadas à reparação, pois, na grande parte dos casos, os danos ambientais assumem o papel da irreversibilidade, ou seja, depois de causado o dano, é muito difícil que o meio volte a ter as mesmas características que tinha originalmente. A teoria da responsabilidade civil é insuficiente para solucionar a reparação. Nesse contexto, a ideia da prevenção é muita mais atrativa do que as ideias de busca da reparação, pois, além de a primeira trazer mais benefícios à sociedade, evita que o meio ambiente seja agredido, fato que desencadearia uma série de novos problemas.

A última característica refere-se à valoração do dano ambiental. Em razão da dificuldade de estimar a extensão do dano ao meio ambiente, é difícil quantificar sua reparação. Por isso que o direito ambiental é regido pelos princípios da precaução e da prevenção. O ideal é evitar que aconteça um prejuízo a esse bem jurídico. Entretanto, uma vez comprovada a ocorrência do dano, a imposição da valoração pecuniária ao dano ambiental como forma de reparação deve ser utilizada como desestímulo, para desencorajar o responsável da prática de novas degradações.

— 3.3 —
Responsabilidade civil em matéria ambiental

A responsabilidade civil é tema amplamente debatido no direito civil, eis que se trata de uma das fontes das obrigações. Entre as várias formas de classificar o tema, é possível destacar que a responsabilidade civil divide-se em contratual e aquiliana. Aquela nasce do descumprimento do acordo de vontades entre as partes; esta, de uma conduta unilateral e, via de regra, ilícita. A obrigação consequente dessas duas atitudes é a de indenizar, reparar um dano causado pela conduta ilícita.

Na presente obra, não aprofundaremos os conceitos relacionados ao tema da responsabilidade civil, eis que foge da temática central aqui proposta. O ponto de partida é o de que a responsabilidade civil está centrada na busca do restabelecimento do equilíbrio jurídico-econômico existente entre o ofensor e o ofendido. Ao final, vamos esclarecer as classificações adotadas na seara do direito ambiental, bem como sua fundamentação jurídica.

— 3.3.1 —
Responsabilidade civil subjetiva e objetiva

A principal justificativa para a responsabilidade civil é a ideia de culpa *lato sensu*, de acordo com a teoria da culpa ou teoria subjetiva. Entretanto, pautar-se somente por esse viés não é suficiente para as necessidades da sociedade moderna. Assim, em meados do século XIX, surgiu a **teoria do risco**, de natureza objetiva. Nessa perspectiva, enquadra-se a ideia do exercício de atividade perigosa como fundamento da responsabilidade civil.

As teorias citadas são complementares, conforme se compreende do art. 186 do Código Civil (Lei n. 10.406, de 10 de janeiro de 2002). A responsabilidade subjetiva continua a ser a regra geral que informa a responsabilidade civil no Brasil. Nos termos do artigo citado, "Aquele que, por ação ou omissão voluntária, negligência ou imprudência, violar direito e causar dano a outrem, ainda que exclusivamente moral, comete ato ilícito" (Brasil, 2002).

A responsabilidade civil objetiva encontra-se prevista em dispositivos esparsos do Código Civil e na Constituição Federal. Conforme dispõe o art. 927, parágrafo único, do Código Civil, também há a "obrigação de reparar o dano, independentemente de culpa, [...] quando a atividade normalmente desenvolvida pelo autor implicar, por sua natureza, risco para os direitos de outrem" (Brasil, 2002). É passível de aplicação nos casos em que a lei determina expressamente. Como exemplos, citamos a responsabilidade do CDC e a responsabilidade por dano ambiental. Também é possível sua constatação no próprio Código Civil, que prevê uma série de casos especiais (responsabilidade dos pais, do empregador, entre outras hipóteses casuísticas).

Para aplicação da teoria objetiva da responsabilidade civil, o elemento essencial é a comprovação do dano. Sua reparação é normalmente aceita como uma das formas mais eficazes que possibilitam a real compensação ou reparação ao prejuízo sofrido. O *quantum* será destinado tanto aos danos emergentes quanto aos lucros cessantes. Abrange também a ideia de dano moral e material; contratual e extracontratual; direto e indireto; individual e coletivo.

— 3.3.2 —
Responsabilidade civil por dano ambiental

A responsabilidade civil objetiva estimula a proteção do meio ambiente quando anuncia ao possível poluidor a preocupação em investir na prevenção do risco ambiental de sua atividade. O reconhecimento de uma efetiva responsabilização civil por danos ambientais se faz necessário para reparar os danos sofridos e para educar, a fim de evitar a ocorrência de novas situações prejudiciais ao direito a um meio ambiente ecologicamente equilibrado.

A já citada teoria do risco baseia-se em critérios para a responsabilização civil sem culpa. É estruturada na premissa de independência da comprovação da culpa do agente para configuração da responsabilidade. A previsão dessa dinâmica está no art. 225, parágrafo 3º, da Constituição Federal. Assim, quando o agente exercer atividade prevista em lei ou que apresentar, em sua natureza, a produção de riscos, com a identificação do nexo de causalidade entre tal atividade e o resultado danoso, a responsabilidade civil é aplicada objetivamente, sem avaliação de elementos subjetivos, como a negligência, a imprudência, a imperícia ou o dolo.

Assim, no que se refere ao meio ambiente, a teoria do risco está pautada na ideia de que as atividades efetiva ou potencialmente poluidoras geram lucros para seus responsáveis, os quais devem também assumir o ônus de reparar os danos provocados. Desse modo, ao se adotar a teoria da responsabilidade objetiva com base no risco integral da atividade, admite-se que é possível a reparabilidade do dano causado à qualidade ambiental em si mesma considerada, além da reparabilidade do dano moral ambiental. A finalidade dessa ideia é restaurar o equilíbrio moral e patrimonial desfeito e redistribuir a riqueza em conformidade com os ditames da justiça.

A previsão da **responsabilidade civil ambiental** ingressou no ordenamento jurídico pátrio com a PNMA (Lei n. 6.938/1981, art. 14). De acordo com o texto normativo, a definição e a abrangência da responsabilidade civil objetiva em matéria ambiental podem ser concebidas da seguinte forma:

> Art. 14. Sem prejuízo das penalidades definidas pela legislação federal, estadual e municipal, o não cumprimento das medidas necessárias à preservação ou correção dos inconvenientes e danos causados pela degradação da qualidade ambiental sujeitará os transgressores:
>
> I – à multa simples ou diária, nos valores correspondentes, no mínimo, a 10 (dez) e, no máximo, a 1.000 (mil) Obrigações Reajustáveis do Tesouro Nacional – ORTNs, agravada em casos

de reincidência específica, conforme dispuser o regulamento, vedada a sua cobrança pela União se já tiver sido aplicada pelo Estado, Distrito Federal, Territórios ou pelos Municípios.

II – à perda ou restrição de incentivos e benefícios fiscais concedidos pelo Poder Público;

III – à perda ou suspensão de participação em linhas de financiamento em estabelecimentos oficiais de crédito;

IV – à suspensão de sua atividade.

§ 1º Sem obstar a aplicação das penalidades previstas neste artigo, é o poluidor obrigado, independentemente da existência de culpa, a indenizar ou reparar os danos causados ao meio ambiente e a terceiros, afetados por sua atividade. O Ministério Público da União e dos Estados terá legitimidade para propor ação de responsabilidade civil e criminal, por danos causados ao meio ambiente.

§ 2º No caso de omissão da autoridade estadual ou municipal, caberá ao Secretário do Meio Ambiente a aplicação das penalidades pecuniárias previstas neste artigo.

§ 3º Nos casos previstos nos incisos II e III deste artigo, o ato declaratório da perda, restrição ou suspensão será atribuição da autoridade administrativa ou financeira que concedeu os benefícios, incentivos ou financiamento, cumprindo resolução do Conama.

§4º (Revogado pela Lei nº 9.966, de 2000)

§ 5º A execução das garantias exigidas do poluidor não impede a aplicação das obrigações de indenização e reparação de danos previstas no § 1º deste artigo. (Brasil, 1981)

Assim, é possível afirmar que a responsabilidade civil ambiental objetiva preexistia à Carta Magna de 1988. De acordo com o art. 4º, inciso VII, da referida lei, a PNMA deve visar "à imposição, ao poluidor e ao predador, da obrigação de recuperar e/ou indenizar os danos causados, e ao usuário, de contribuição pela utilização de recursos ambientais com fins econômicos" (Brasil, 1981). Posteriormente, a Constituição Federal de 1988 recepcionou essa regra e expôs que:

> Art. 225. [...]
>
> § 3º As condutas e atividades consideradas lesivas ao meio ambiente sujeitarão os infratores, pessoas físicas ou jurídicas, a sanções penais e administrativas, independentemente da obrigação de reparar os danos causados. (Brasil, 1988)

No âmbito cível, o gatilho para a responsabilidade ambiental é a **obrigatoriedade da reparação** prevista no texto constitucional. Destacamos que a responsabilidade civil ambiental independe de culpa, e sua função é tão somente efetivar a reparação do dano sofrido pelo meio ambiente, sem a necessidade de comprovar a real intenção do poluidor. Para a efetivação da responsabilidade ambiental do agente, basta que se comprove o nexo de causalidade entre a atividade e o dano causado, não importando a presença de boa-fé, subjetiva ou objetiva; o risco integral é do agente.

No direito ambiental internacional, a Declaração do Rio, de 1992, previu, de acordo com o Princípio n. 13, que os estados devem desenvolver legislação nacional relativa à responsabilidade e à indenização das vítimas da poluição e outros danos ambientais.

Além do embasamento normativo, o fundamento principiológico da responsabilidade civil é o **princípio do poluidor pagador**, que obriga o poluidor a pagar tanto pela poluição que pode ser causada quanto por aquela que já foi provocada, bastando comprovar o dano e o nexo de causalidade entre dano e fonte poluidora.

A PNMA, em seu art. 3º, traz definição de extrema importância para compreender a matéria:

> Art. 3º Para os fins previstos nesta Lei, entende-se por:
>
> [...]
>
> IV - poluidor, a pessoa física ou jurídica, de direito público ou privado, responsável, direta ou indiretamente, por atividade causadora de degradação ambiental; [...] (Brasil, 1981)

Já é ponto pacificado no ordenamento jurídico nacional que o conceito de poluidor pode ser aplicado também para responsabilizar civilmente as pessoas jurídicas. Assim, todos que, direta ou indiretamente, realizam condutas e atividades lesivas ao meio ambiente podem ser responsabilizados. A responsabilização tocará todos de maneira solidária, nos termos do art. 942 do Código Civil, e o ressarcimento pode ser exigido indistintamente de um, de alguns ou de todos.

— 3.4 —
Defesa processual do meio ambiente

Na defesa do bem jurídico de todos – meio ambiente saudável –, o Ministério Público atua de forma extrajudicial e judicial. Nessa segunda categoria, a ação civil pública, por meio da Lei n. 7.347/1985, representa um dos principais instrumentos processuais para que seus legitimados ativos pleiteiem a cessação do dano ambiental, a recuperação de áreas ambientalmente degradadas e/ou o pagamento de reparação pecuniária em decorrência de dano ambiental.

O **Ministério Público** age de forma independente dos demais poderes públicos e sempre em nome do povo e do interesse público. Desde a década de 1980, o *parquet* desempenha papel importante na esfera ambiental por meio dos órgãos de proteção ao meio ambiente, quando os promotores de justiça agem na defesa dos direitos difusos e coletivos e na busca da proteção do direito de todos ao meio ambiente ecologicamente equilibrado.

Nos termos da definição do art. 127 da Constituição Federal, o Ministério Público é considerado instituição permanente, essencial à função jurisdicional do Estado, incumbindo-lhe a defesa da ordem jurídica, do regime democrático e dos interesses sociais e individuais indisponíveis:

> Art. 127. O Ministério Público é instituição permanente, essencial à função jurisdicional do Estado, incumbindo-lhe a defesa da ordem jurídica, do regime democrático e dos interesses sociais e individuais indisponíveis.

§ 1º São princípios institucionais do Ministério Público a unidade, a indivisibilidade e a independência funcional.

§ 2º Ao Ministério Público é assegurada autonomia funcional e administrativa, podendo, observado o disposto no art. 169, propor ao Poder Legislativo a criação e extinção de seus cargos e serviços auxiliares, provendo-os por concurso público de provas ou de provas e títulos, a política remuneratória e os planos de carreira; a lei disporá sobre sua organização e funcionamento.

§ 3º O Ministério Público elaborará sua proposta orçamentária dentro dos limites estabelecidos na lei de diretrizes orçamentárias.

§ 4º Se o Ministério Público não encaminhar a respectiva proposta orçamentária dentro do prazo estabelecido na lei de diretrizes orçamentárias, o Poder Executivo considerará, para fins de consolidação da proposta orçamentária anual, os valores aprovados na lei orçamentária vigente, ajustados de acordo com os limites estipulados na forma do § 3º.

§ 5º Se a proposta orçamentária de que trata este artigo for encaminhada em desacordo com os limites estipulados na forma do § 3º, o Poder Executivo procederá aos ajustes necessários para fins de consolidação da proposta orçamentária anual.

§ 6º Durante a execução orçamentária do exercício, não poderá haver a realização de despesas ou a assunção de obrigações que extrapolem os limites estabelecidos na lei de diretrizes orçamentárias, exceto se previamente autorizadas, mediante a abertura de créditos suplementares ou especiais. (Brasil, 1988)

Em 1981, com a promulgação da Lei n. 6.938, o Ministério Público passou a ter a faculdade de propor ações judiciais de natureza civil, a fim de reparar ou evitar danos ambientais. Já em 1985, com a promulgação da Lei n. 7.347, efetivou-se a possibilidade de intervenção ambiental do Ministério Público federal ou estadual, com a disciplina processual da ação civil pública e do inquérito civil. Como a lei expõe, o inquérito civil é um procedimento administrativo exclusivo do promotor de justiça, que o instaura e preside, para apurar a ocorrência de danos ambientais.

No escopo de sua atuação, o Ministério Público faz uso de ferramentas de atividade judicial e extrajudicial. **Extrajudicialmente**, sua atuação se efetiva por meios de curadorias e promotores e tem como principais instrumentos os termos de ajustamento de conduta e o inquérito civil.

O **termo de ajustamento de conduta** é a forma de atuação preventiva que o Ministério Público compartilha com outras entidades legitimadas, mas que é uma grande marca de sua atuação como fiscal dos direitos coletivos. Sua aplicação acontece após a identificação de um agente violador de direitos coletivos, como forma de inibir a continuidade do comportamento ou da ação violadora e de evitar a necessidade de ação judicial. Sua previsão legal consta na Lei n. 7.347/1985, art. 5º, parágrafo 6º, que dispõe: "Os órgãos públicos legitimados poderão tomar dos interessados compromisso de ajustamento de sua conduta às exigências legais, mediante cominações, que terá eficácia de título executivo extrajudicial" (Brasil, 1985).

O **inquérito civil**, embora se caracterize como uma atuação extrajudicial do Ministério Público, visa instruir inicialmente para a ação civil pública. Está previsto no mesmo diploma legal, em seu art. 8º, parágrafo 1º:

> O Ministério Público poderá instaurar, sob sua presidência, inquérito civil, ou requisitar, de qualquer organismo público ou particular, certidões, informações, exames ou perícias, no prazo que assinalar, o qual não poderá ser inferior a 10 (dez) dias úteis. (Brasil, 1985)

Judicialmente, a atuação do Ministério Público está sempre conectada à defesa da coletividade, quer como promotor privativo de ações penais públicas, quer na tutela de incapazes ou, como já citado anteriormente, como titular ou fiscal da lei em ações civis de proteção a direitos difusos e coletivos, com destaque para a previsão constitucional de defesa do meio ambiente e do patrimônio público e social, o que lhe confere uma amplitude de atuação considerável.

— 3.4.1 —
Ação civil pública em matéria ambiental

Conforme art. 1º da Lei n. 7.347/1985, a ação civil pública tem o condão de disciplinar as ações de responsabilidade por danos causados ao meio ambiente, ao consumidor, aos bens e aos direitos de valor artístico, estético, histórico, turístico e paisagístico, ou qualquer outro de interesse difuso ou coletivo, de infração à ordem econômica, à ordem urbanística, à honra e à dignidade de grupos raciais, étnicos ou religiosos e ao patrimônio público e social.

> Art. 1º Regem-se pelas disposições desta Lei, sem prejuízo da ação popular, as ações de responsabilidade por danos morais e patrimoniais causados:
>
> l - ao meio-ambiente;
>
> ll - ao consumidor;
>
> III - a bens e direitos de valor artístico, estético, histórico, turístico e paisagístico;
>
> IV - a qualquer outro interesse difuso ou coletivo;
>
> V - por infração da ordem econômica;
>
> VI - à ordem urbanística.
>
> VII - à honra e à dignidade de grupos raciais, étnicos ou religiosos.
>
> VIII - ao patrimônio público e social. (Brasil, 1985)

Têm legitimidade ativa para propositura de ação civil pública: Ministério Público; Defensoria Pública; União, estados, Distrito Federal e municípios; autarquias, empresas públicas, fundações ou sociedades de economia mista; e associações legalmente constituídas há mais de um ano cujo objeto seja a defesa do meio ambiente. Segundo a lei citada:

Art. 5º Têm legitimidade para propor a ação principal e a ação cautelar:

I – o Ministério Público;

II – a Defensoria Pública;

III – a União, os Estados, o Distrito Federal e os Municípios;

IV – a autarquia, empresa pública, fundação ou sociedade de economia mista;

V – a associação que, concomitantemente:

a) esteja constituída há pelo menos 1 (um) ano nos termos da lei civil;

b) inclua, entre suas finalidades institucionais, a proteção ao patrimônio público e social, ao meio ambiente, ao consumidor, à ordem econômica, à livre concorrência, aos direitos de grupos raciais, étnicos ou religiosos ou ao patrimônio artístico, estético, histórico, turístico e paisagístico.

§ 1º O Ministério Público, se não intervier no processo como parte, atuará obrigatoriamente como fiscal da lei.

§ 2º Fica facultado ao Poder Público e a outras associações legitimadas nos termos deste artigo habilitar-se como litisconsortes de qualquer das partes.

§ 3º Em caso de desistência infundada ou abandono da ação por associação legitimada, o Ministério Público ou outro legitimado assumirá a titularidade ativa.

§ 4º O requisito da pré-constituição poderá ser dispensado pelo juiz, quando haja manifesto interesse social evidenciado pela dimensão ou característica do dano, ou pela relevância do bem jurídico a ser protegido.

§ 5º Admitir-se-á o litisconsórcio facultativo entre os Ministérios Públicos da União, do Distrito Federal e dos Estados na defesa dos interesses e direitos de que cuida esta lei.

§ 6º Os órgãos públicos legitimados poderão tomar dos interessados compromisso de ajustamento de sua conduta às exigências legais, mediante cominações, que terá eficácia de título executivo extrajudicial. (Brasil, 1985)

O juízo competente para propositura da ação civil pública é, em regra, o juízo do lugar onde ocorrer o dano, conforme dispõe o art. 2º da lei em estudo:

> Art. 2º As ações previstas nesta Lei serão propostas no foro do local onde ocorrer o dano, cujo juízo terá competência funcional para processar e julgar a causa.
>
> Parágrafo único. A propositura da ação prevenirá a jurisdição do juízo para todas as ações posteriormente intentadas que possuam a mesma causa de pedir ou o mesmo objeto. (Brasil, 1985)

A ação civil pública segue o rito processual do Código de Processo Civil (Lei n. 13.105, de 16 de março de 2015), nos termos do art. 19, parágrafo único, da Lei de Ação Civil Pública: "Aplica-se à ação civil pública, prevista nesta Lei, o Código de Processo Civil, aprovado pela Lei n. 5.869, de 11 de janeiro de 1973, naquilo em que não contrarie suas disposições" (Brasil, 1985).

A sentença na ação civil pública faz coisa julgada com efeito *erga omnes*, nos limites da competência territorial do órgão prolator, exceto em caso de improcedência do pedido por deficiência de provas, hipótese que autoriza qualquer dos demais legitimados a ingressar com nova ação desde que fundamente com novas provas. Portanto, a decisão improcedente por insuficiência de provas não faz coisa julgada:

> Art. 16. A sentença civil fará coisa julgada erga omnes, nos limites da competência territorial do órgão prolator, exceto se o pedido for julgado improcedente por insuficiência de provas, hipótese em que qualquer legitimado poderá intentar outra ação com idêntico fundamento, valendo-se de nova prova. (Brasil, 1985)

A ação civil pública pode ter por objetivo a condenação em pecúnia pelo dano ambiental ou a obrigação de fazer (reparar o dano) e a de não fazer (cessar certa atividade causadora de danos ambientais), conforme o art. 3º da Lei n. 7.347/1985: "A ação civil poderá ter por objeto a condenação em dinheiro ou o cumprimento de obrigação de fazer ou não fazer" (Brasil, 1985). Quanto à condenação em dinheiro, quando a reparação ambiental não é possível, deve ser recolhida em benefício de fundo especial para reparar os direitos difusos lesados. No caso da obrigação de fazer ou não fazer, o juiz pode estabelecer multa diária se o infrator descumprir a ordem judicial.

3.5
Responsabilidade administrativa em matéria ambiental

Nos limites legais de sua atuação, o ente público goza do poder de polícia para fazer valer imposições, restrições e regras por ele determinadas à coletividade, em benefício do meio ambiente, fazendo uso de sanções administrativas para os casos de descumprimento.

A Lei n. 9.605, de 12 de fevereiro de 1998, também conhecida como *Lei de Crimes Ambientais*, é responsável por trazer a fundamentação não só da responsabilidade penal em matéria ambiental, mas também da responsabilidade administrativa. Assim, dispõe sobre "as sanções penais e administrativas derivadas de condutas e atividades lesivas ao meio ambiente, e dá outras providências" (Brasil, 1998).

Segundo essa lei, as **infrações administrativas ambientais** são as condutas descritas no art. 70, que assim define "toda ação ou omissão que viole as regras jurídicas de uso, gozo, promoção, proteção e recuperação do meio ambiente" (Brasil, 1998). São competentes para lavrar auto de infração ambiental e instaurar processo administrativo ambiental quaisquer funcionários dos órgãos ambientais integrantes do Sisnama, assim como são esses servidores os competentes para receber denúncia de qualquer cidadão que tenha constatado infração ambiental.

A prática de uma infração ambiental por pessoa física ou jurídica se caracteriza pelo exercício de ação ou omissão que viole as regras jurídicas de uso, gozo, promoção, proteção e recuperação do meio ambiente. Assim, um dos pressupostos para a configuração da responsabilidade administrativa pode ser sintetizado pela expressão *conduta ilícita* ou *infração ambiental*.

Tais infrações devem ser apuradas de acordo com o que prevê o art. 71 da lei em análise, em **processo administrativo**, com os seguintes prazos máximos para cada etapa do processo:

> Art. 71. O processo administrativo para apuração de infração ambiental deve observar os seguintes prazos máximos:
>
> I – vinte dias para o infrator oferecer defesa ou impugnação contra o auto de infração, contados da data da ciência da autuação;
>
> II – trinta dias para a autoridade competente julgar o auto de infração, contados da data da sua lavratura, apresentada ou não a defesa ou impugnação;
>
> III – vinte dias para o infrator recorrer da decisão condenatória à instância superior do Sistema Nacional do Meio Ambiente-SISNAMA, ou à Diretoria de Portos e Costas, do Ministério da Marinha, de acordo com o tipo de autuação;
>
> IV – cinco dias para o pagamento de multa, contados da data do recebimento da notificação. (Brasil, 1998)

O processo administrativo para cominação das sanções aplicáveis, conforme a Lei n. 9.605/1998, deve preceder a aplicação da sanção, e devem ser resguardados o contraditório e a ampla defesa, a fim de garantir o devido processo legal. Outro ponto de destaque é que os valores arrecadados com a aplicação de multas sempre devem ser revertidos para fundos de proteção ao meio ambiente, de acordo com o regulamento do órgão arrecadador.

Poder de Polícia Ambiental

O poder de Polícia Ambiental é a atividade da Administração Pública que limita ou disciplina o direito, o interesse ou a liberdade. Também regula a prática de ato ou a abstenção de fato no que se refere ao interesse público relativo à saúde da população, à conservação dos ecossistemas, à disciplina da produção e do mercado, ao exercício das atividades econômicas ou de outras atividades dependentes de concessão, à autorização/permissão ou licença do Poder Público, cujas atividades possam causar poluição ou agressão à natureza (Machado, 2018).

A atuação administrativa estatal para defesa do meio ambiente é realizada de forma preventiva e repressiva e fundamentada nesse conceito. O Poder Público, no exercício de seu poder de Polícia Ambiental, pode tomar medidas repressivas ou estimuladoras de condutas.

A responsabilidade administrativa em matéria ambiental tem natureza subjetiva. Isso significa que a intenção, ou o elemento volitivo, deve ser levado em consideração pela Administração Pública na hora de aplicar as respectivas sanções. Além da previsão na Lei de Crimes Ambientais, o caráter subjetivo é expressamente reafirmado pela própria Constituição ao se referir, no seu art. 225, parágrafo 3º, às condutas e às atividades lesivas ao meio ambiente.

O mesmo requisito também se faz presente no art. 3º da Lei n. 9.605/1998, no qual o elemento subjetivo – "decisão do representante legal ou contratual, ou do órgão colegiado, no interesse ou benefício da entidade" (Brasil, 1998) – está previsto "não só para a responsabilidade penal, mas também para a responsabilidade administrativa da pessoa jurídica" (Leite; Bello Filho, 2004, p. 255).

Assim, o art. 72 da Lei de Crimes Ambientais elenca as **sanções administrativas** em espécie:

> Art. 72. As infrações administrativas são punidas com as seguintes sanções, observado o disposto no art. 6º:
>
> I – advertência;
>
> II – multa simples;
>
> III – multa diária;
>
> IV – apreensão dos animais, produtos e subprodutos da fauna e flora, instrumentos, petrechos, equipamentos ou veículos de qualquer natureza utilizados na infração;

V – destruição ou inutilização do produto;

VI – suspensão de venda e fabricação do produto;

VII – embargo de obra ou atividade;

VIII – demolição de obra;

IX – suspensão parcial ou total de atividades;

X – (VETADO)

XI – restritiva de direitos. (Brasil, 1998)

Ao observarmos essa lista, é possível dividirmos as sanções administrativas em **sanções pecuniárias**, como as multas aplicadas pela não observância das normas de proteção ambiental; e **sanções objetivas**, como as que envolvem bens e/ou serviços. Em ambos os casos, a sanção tem dois objetivos: repressivo, ao passo em que pune o violador das normas administrativas em matéria ambiental, e preventivo, pois educa a sociedade para não replicar a conduta lesiva.

— 3.6 —

Responsabilidade penal em matéria ambiental

A tutela penal é a *ultima ratio* em prol da proteção ambiental. A Constituição Federal de 1988 exige que as condutas lesivas ao meio ambiente sejam punidas no âmbito penal, ou seja, estabelece a imposição de medidas coercitivas aos transgressores das normas de proteção do meio ambiente.

Antes da Lei de Crimes Ambientais, que promoveu a sistematização da responsabilidade penal quanto ao meio ambiente, todos os crimes e contravenções referentes às condutas lesivas ao meio ambiente encontravam-se dispersos na legislação extravagante, muitas vezes confusa e conflitante. Ainda existem crimes ambientais previstos em leis esparsas, como a Lei de Biossegurança, fato que não exclui a relevância da Lei de Crimes Ambientais.

A **Lei de Crimes Ambientais** adotou as sanções clássicas do direito penal comum, que são as penas privativas de liberdade e a pena de multa, reguladas pelo Código Penal e pela Lei de Execução Penal (Lei n. 7.210, de 11 de julho de 1984). Na maioria dos crimes ecológicos, é cominada a pena de reclusão (prisão em regime fechado). A pena de detenção (prisão em regime semiaberto ou aberto) é menos frequente, e a pena de multa é alternativa ou cumulativa com a de privação de liberdade. Os dispositivos dessa lei estabelecem uma gama de condutas administrativas e criminais lesivas ao meio ambiente, sem prejuízo das sanções civis já existentes em outras leis, como o Código Civil e a PNMA.

Vejamos os principais pontos da Lei de Crimes Ambientais no quadro a seguir.

Quadro 3.2 – Resumo dos principais conceitos da Lei de Crimes Ambientais

Conceito	Descrição
Ação penal	De acordo com política criminal, que norteia a maioria das leis penais extravagantes, a ação penal dos tipos delituosos ambientais é pública incondicionada. Assim, cabe somente ao Ministério Público a sua proposição.
Bem jurídico tutelado	A ideia fundamental consiste no meio ambiente ecologicamente equilibrado, com a manutenção das propriedades do solo, do ar e da água, assim como da fauna da flora e das condições ambientais de desenvolvimento dessas espécies, de tal forma que o sistema ecológico permaneça com seus sistemas subordinados e não sofra alterações prejudiciais.
Conduta punida	Nos tipos penais da referida lei, apresentam-se múltiplas condutas (condutas mistas ou de conteúdo variado), configurando a modalidade de tipo alternativo. Portanto, o agente causador de danos e crimes ambientais pode praticar qualquer uma das condutas ou mais de uma que a pena será única (crime único).
Objetos materiais	Fauna (espécies da fauna silvestre, nativas ou em rota migratória); flora (florestas consideradas de preservação permanente, mesmo que em formação, unidades de conservação e demais formas de vegetação); qualidade do ar, da água e do solo em relação à saúde humana; patrimônio histórico e cultural; ordenamento urbano.
Sujeito ativo (quem pode ser responsabilizado penalmente)	Qualquer pessoa, física ou jurídica, pode ser sujeito ativo do delito ambiental, inclusive as pessoas coletivas. Há, portanto, a imputação de condutas delituosas a pessoas jurídicas.

(continua)

(Quadro 3.2 – conclusão)

Conceito	Descrição
Sujeito passivo (quem pode pedir a responsabilização penal)	A coletividade, de maneira difusa. A agressão ao bem jurídico meio ambiente afeta a todos de maneira indeterminada. Em algumas figuras delituosas da lei, aparece, como sujeito passivo imediato, o particular, proprietário de um imóvel afetado ou de qualquer outro objeto material.

Nos crimes ambientais, os bens jurídicos protegidos aproximam-se mais do perigo do que do dano. Classifica-se o **delito de perigo** em concreto ou abstrato. No primeiro tipo, concreto, o delito é investigado caso a caso; no segundo, por determinação legal. Em ambos os tipos, há uma expectativa de dano, e as condutas são tipificadas para evitar o dano. Contudo, somente o dano efetivo pode ser objeto de reparação na esfera civil, e não o mero perigo abstrato ou presumido.

Do art. 6º ao art. 24 da Lei n. 9.605/1998, aborda-se a **aplicação da pena** nos crimes ambientais. De uma maneira geral, existem três grandes etapas para isso. Na primeira etapa, é fixada a pena-base (art. 59 do Código Penal); depois são aplicadas as agravantes e as atenuantes genéricas; sobre o resultado dessa operação, devem ser consideradas as causas de aumento e de diminuição de pena. Na segunda etapa, deve ser estabelecido o regime inicial de cumprimento de pena. Já na terceira e última etapa, analisa-se a substituição da pena por pena restritiva de direitos ou concessão de *sursis*.

— 3.6.1 —
Responsabilidade penal da pessoa física

Nesse caso, é importante verificar o que enuncia o art. 2º da Lei 9.605/1998:

> Art. 2º Quem, de qualquer forma, concorre para a prática dos crimes previstos nesta Lei, incide nas penas a estes cominadas, na medida da sua culpabilidade, bem como o diretor, o administrador, o membro de conselho e de órgão técnico, o auditor, o gerente, o preposto ou mandatário de pessoa jurídica, que, sabendo da conduta criminosa de outrem, deixar de impedir a sua prática, quando podia agir para evitá-la. (Brasil, 1998)

Existem delitos que somente podem ser cometidos por determinadas pessoas (crimes próprios), por exemplo, alguns crimes contra a administração ambiental (arts. 66 e 67 da Lei 9.605/1998), que se referem expressamente ao funcionário público.

É cabível a aplicação da regra de concurso de pessoas em crimes ambientais, com base na teoria monista (ou unitária). Assim, todos os agentes respondem pelo mesmo crime na medida de sua culpabilidade. Apesar disso, não terão, necessariamente, a mesma pena, visto que é individualizada de acordo com a culpabilidade de cada um dos agentes. Na responsabilização penal, o elemento volitivo é relevante e indispensável, e o elemento subjetivo da conduta do agente – dolo ou culpa – é uma das situações a ser obrigatoriamente avaliada no ato de aplicação da pena.

No art. 2º, parte final, da Lei de Crimes Ambientais, são exigidos dois requisitos para que funcionários com poder de decisão, prepostos ou mandatários de pessoa jurídica respondam por crime ambiental: ter a ciência da conduta criminosa de outrem e deter o poder de agir para impedir o resultado, mas não fazê-lo (omissão penalmente relevante). Esse requisitos impedem a atribuição da *responsabilidade penal objetiva* dos representantes da pessoa jurídica.

— 3.6.2 —
Responsabilidade penal da pessoa jurídica

É o tema de grandes debates e embates no campo jurídico penal ambiental. Vamos analisar, portanto, as correntes jurídicas.

A **primeira corrente** defende que não há previsão constitucional de responsabilização penal da pessoa jurídica. Antes de explicarmos os detalhes, adiantamos que essa corrente se encontra superada.

Seus defensores argumentam com base na interpretação do art. 225, parágrafo 3º, da Constituição. Alegam que a pessoa jurídica somente poderia responder administrativamente por seus atos, cabendo a responsabilidade penal para os agentes operantes em nome da pessoa jurídica (diretores, administradores e funcionários). Desse modo, as pessoas jurídicas não podem sofrer sanção penal, respondendo apenas administrativa e/ou civilmente. Os defensores dessa corrente também se apoiam na ideia de personalidade como elemento indispensável para aplicar uma sanção penal. A pena não deve passar da pessoa do infrator (que é sempre uma pessoa física), razão pela qual não se pode transferir tal responsabilidade para a pessoa jurídica. De acordo com Prado (2021, p. 408),

> o princípio da personalidade da pena – nenhuma pena passará da pessoa do condenado (art. 5º, XLV, CF) – tradicionalmente enraizado nos textos constitucionais brasileiros, impõe que a sanção penal recaia exclusivamente sobre os autores materiais do delito e não sobre todos os membros da corporação (v.g., operários, sócios minoritários etc.), o que ocorreria caso se lhe impusesse uma pena.

A **segunda corrente** também defende que as pessoas jurídicas não podem cometer crimes (*societas delinquere non potest*). Baseada na teoria da ficção, criada por Savigny, afirma que as pessoas jurídicas têm existência fictícia, irreal ou de pura abstração, portanto, são incapazes de delinquir (carecem de vontade e de ação) (Prado, 2021). Portanto, são entes desprovidos de consciência e de vontade própria, por isso não podem realizar atos tipicamente humanos, como condutas criminosas.

Aparentemente, a punição da pessoa jurídica seria uma aceitação da responsabilidade penal objetiva, vedada no direito penal. Os defensores da segunda corrente afirmam que a pessoa jurídica não tem capacidade de culpabilidade e de sanção penal: a culpabilidade penal como juízo de censura pessoal pela realização do injusto típico só pode ser endereçada a um indivíduo (culpabilidade da vontade). Além disso, argumentam que a pessoa jurídica não tem capacidade de pena (princípio da personalidade da pena), assim não cabem medidas de segurança de caráter penal e são incapazes de assimilar os efeitos da sanção penal.

A **terceira corrente** é a utilizada e reconhecida pelos tribunais superiores atualmente. Nesse caso, a pessoa jurídica pode cometer crimes, pois são entes reais com capacidade e vontade próprias. Além disso, tem capacidade de culpabilidade e de sanção penal. As pessoas jurídicas sofrem de culpabilidade social, ou culpa coletiva. Assim, o princípio da personalidade da pena não é violado, já que a responsabilidade penal é atribuída ao autor do crime, a pessoa jurídica, que realiza a ação de fato.

— 3.6.3 —
Breves relatos do processo penal nos crimes ambientais

Todos os crimes tipificados na Lei de Crimes Ambientais são de ação penal pública incondicionada, conforme preceitua o art. 26 da referida lei: "Nas infrações penais previstas nesta Lei, a ação penal é pública incondicionada" (Brasil, 1998).

Consequentemente, a iniciativa é de competência do Ministério Público em decorrência dos preceitos do art. 129 da Constituição Federal e de toda a argumentação anteriormente vista em tópico específico sobre o tema. Não mais é admitida a iniciativa da ação penal pela autoridade policial, consoante se verificava no art. 33 do Código Florestal (2012) e no art. 32 da Lei de Proteção à Fauna (1967). Denominava-se *procedimento judicialiforme*. Permite-se, contudo, em caso de omissão do Ministério Público, utilizar-se da ação penal privada subsidiária da pública, nos termos do art. 5º, inciso LIX, da Constituição Federal; do art. 29 do Código de Processo Penal; e do art. 100, parágrafo 3º, do Código Penal.

A competência continua sendo da Justiça Estadual, sem excluir a Justiça Federal quando houver interesse de diversas jurisdições. Os procedimentos são aqueles previstos no Código de Processo Penal: se a pena privativa de liberdade for igual ou superior a quatro anos, o rito será o ordinário; se inferior a quatro anos, o rito será o sumário. O art. 394, parágrafo 1º, incisos I e II, esclarece o tema:

> Art. 394. O procedimento será comum ou especial.
>
> § 1º O procedimento comum será ordinário, sumário ou sumaríssimo:
>
> I – ordinário, quando tiver por objeto crime cuja sanção máxima cominada for igual ou superior a 4 (quatro) anos de pena privativa de liberdade;
>
> II – sumário, quando tiver por objeto crime cuja sanção máxima cominada seja inferior a 4 (quatro) anos de pena privativa de liberdade;
>
> III – sumaríssimo, para as infrações penais de menor potencial ofensivo, na forma da lei.

§ 2º Aplica-se a todos os processos o procedimento comum, salvo disposições em contrário deste Código ou de lei especial.

§ 3º Nos processos de competência do Tribunal do Júri, o procedimento observará as disposições estabelecidas nos arts. 406 a 497 deste Código.

§ 4º As disposições dos arts. 395 a 398 deste Código aplicam-se a todos os procedimentos penais de primeiro grau, ainda que não regulados neste Código.

§ 5º Aplicam-se subsidiariamente aos procedimentos especial, sumário e sumaríssimo as disposições do procedimento ordinário.

Art. 394-A. Os processos que apurem a prática de crime hediondo terão prioridade de tramitação em todas as instâncias. (Brasil, 1941)

No procedimento ordinário ou sumário, uma vez em que a denúncia ou queixa são oferecidas, o juiz deve recebê-las e ordenar a citação do acusado para responder por escrito em dez dias. Assim determina o art. 395 do Código de Processo Penal:

Art. 395. A denúncia ou queixa será rejeitada quando:

I – for manifestamente inepta;

II – faltar pressuposto processual ou condição para o exercício da ação penal; ou

III – faltar justa causa para o exercício da ação penal.

Parágrafo único. (Revogado).

Art. 396. Nos procedimentos ordinário e sumário, oferecida a denúncia ou queixa, o juiz, se não a rejeitar liminarmente, recebê-la-á e ordenará a citação do acusado para responder à acusação, por escrito, no prazo de 10 (dez) dias.

Parágrafo único. No caso de citação por edital, o prazo para a defesa começará a fluir a partir do comparecimento pessoal do acusado ou do defensor constituído.

Art. 396-A. Na resposta, o acusado poderá arguir preliminares e alegar tudo o que interesse à sua defesa, oferecer documentos e justificações, especificar as provas pretendidas e arrolar testemunhas, qualificando-as e requerendo sua intimação, quando necessário. [...] (Brasil, 1941)

Não houve alteração na aplicação da Lei n. 9.099, de 26 de setembro de 1995, cumulada com a Lei n. 10.259, de 12 de julho de 2001 (rito sumaríssimo), que trata dos juizados especiais criminais.

Capítulo 4

*Tutelas específicas
do meio ambiente*

A Lei n. 9.985, de 18 de julho de 2000, institui o Sistema Nacional de Unidades de Conservação da Natureza (SNUC), mediante regulamentação do art. 225, parágrafo 1º, incisos I, II, III e IV, da Constituição Federal, que assim determinou:

> Art. 225. [...]
>
> § 1º Para assegurar a efetividade desse direito, incumbe ao Poder Público:
>
> I – preservar e restaurar os processos ecológicos essenciais e prover o manejo ecológico das espécies e ecossistemas;
>
> II – preservar a diversidade e a integridade do patrimônio genético do País e fiscalizar as entidades dedicadas à pesquisa e manipulação de material genético;
>
> III – definir, em todas as unidades da Federação, espaços territoriais e seus componentes a serem especialmente protegidos, sendo a alteração e a supressão permitidas somente através de lei, vedada qualquer utilização que comprometa a integridade dos atributos que justifiquem sua proteção;
>
> IV – exigir, na forma da lei, para instalação de obra ou atividade potencialmente causadora de significativa degradação do meio ambiente, estudo prévio de impacto ambiental, a que se dará publicidade [...] (Brasil, 1988)

O SNUC é conjunto de unidades de conservação federais, estaduais e municipais que tem como principais objetivos proteger e preservar a riqueza ambiental de determinadas áreas do Brasil por meio de conservação e sob regime especial de administração, ao qual se aplicam garantias adequadas de proteção. A lei traz, em seu texto, uma série de definições importantes para a compreensão do tema. Inicialmente, define o que vem a ser **unidades de conservação (UC)** em seu art. 2º:

> I – unidade de conservação: espaço territorial e seus recursos ambientais, incluindo as águas jurisdicionais, com características naturais relevantes, legalmente instituído pelo Poder Público, com objetivos de conservação e limites definidos, sob regime especial de administração, ao qual se aplicam garantias adequadas de proteção; (Brasil, 2000b)

Além da proteção das áreas sensíveis do território nacional, o SNUC cria corredores de proteção de fauna e flora, assegurando que uma significativa parcela de animais e plantas possam estar protegidos, assim como seu *habitat*.

A Constituição dispõe que compete ao Poder Público o dever de definir quais espaços territoriais e seus componentes devem ser protegidos e enquadrados como a **área de preservação permanente** (art. 3º, II, do Código Florestal), **área de reserva legal** (art. 3º, III, do Código Florestal) e **unidade de conservação da natureza** (Lei n. 9.985/2000). Nesse sentido, Silva (2015, p. 98) explica:

> Assim como as APPs e as áreas de Reserva Legal, também as Unidades de Conservação (UCs) estão inseridas no status de espaço territorial especialmente protegido previsto no art. 225, § 1º, III da Constituição Federal. Pode-se afirmar

que "espaço territorial especialmente protegido" é gênero, onde "unidade de conservação" é espécie, ou seja, toda unidade de conservação é um espaço especialmente protegido, mas nem todo espaço especialmente protegido é uma unidade de conservação.

O SNUC é gerido pelo Conama, que tem função de implementar e acompanhar o sistema. É coordenado pelo Ministério do Meio Ambiente e tem como órgãos executores o Instituto Chico Mendes e o Ibama, que têm atribuição de implementar, acompanhar e administrar as unidades de conservação em todas as suas esferas: federal, estadual e municipal.

— 4.1 —
Espécies de unidades de conservação

A Lei n. 9.985/2000, em seu art. 7º, divide as unidades de conservação em dois grupos com características específicas: unidades de proteção integral e unidades de uso sustentável.

> Art. 7º As unidades de conservação integrantes do SNUC dividem-se em dois grupos, com características específicas:
>
> I – Unidades de Proteção Integral;
>
> II – Unidades de Uso Sustentável.
>
> § 1º O objetivo básico das Unidades de Proteção Integral é preservar a natureza, sendo admitido apenas o uso indireto

dos seus recursos naturais, com exceção dos casos previstos nesta Lei.

§ 2º O objetivo básico das Unidades de Uso Sustentável é compatibilizar a conservação da natureza com o uso sustentável de parcela dos seus recursos naturais. (Brasil, 2000b)

Como extraído do texto legal, as unidades de proteção integral, como o próprio nome já diz, preservam a natureza de forma integral, ou seja, a proteção é rígida. Essa proteção integral está associada à manutenção dos ecossistemas livres de alterações causadas por interferência humana, admitido apenas o uso indireto de seus atributos naturais. Entende-se por *uso indireto* aquele que não envolve consumo, coleta, dano ou destruição dos recursos naturais, conforme art. 2º, inciso IX, da Lei n. 9.985/2000.

Já nas unidades de uso sustentável permite-se, de acordo com o art. 2º, inciso XI, da mesma lei:

XI – uso sustentável: exploração do ambiente de maneira a garantir a perenidade dos recursos ambientais renováveis e dos processos ecológicos, mantendo a biodiversidade e os demais atributos ecológicos, de forma socialmente justa e economicamente viável; (Brasil, 2000b)

De fato, o termo *conservação* é mais amplo que *preservação*. A conservação, associada com o uso sustentável de parte de seus recursos naturais, traz um grau de proteção menos rígido. Nesses espaços, é permitido o *uso direto dos recursos naturais*, assim entendido como a prática que envolve coleta e uso, comercial ou não.

— 4.1.1 —
Unidades de conservação de proteção integral

Podem ser classificadas como: estação ecológica, reserva biológica, parque nacional, monumento natural e refúgio de vida silvestre, conforme art. 8º da Lei n. 9.985/2000.

A **estação ecológica**, conforme art. 9º, parágrafo 1º, tem como objetivo a preservação da natureza e a realização de pesquisas científicas. O texto normativo ainda esclarece que:

> Art. 9º [...]
>
> § 2º É proibida a visitação pública, exceto quando com objetivo educacional, de acordo com o que dispuser o Plano de Manejo da unidade ou regulamento específico.
>
> § 3º A pesquisa científica depende de autorização prévia do órgão responsável pela administração da unidade e está sujeita às condições e restrições por este estabelecidas, bem como àquelas previstas em regulamento.
>
> § 4º Na Estação Ecológica só podem ser permitidas alterações dos ecossistemas no caso de:
>
> I – medidas que visem a restauração de ecossistemas modificados;

II – manejo de espécies com o fim de preservar a diversidade biológica;

III – coleta de componentes dos ecossistemas com finalidades científicas;

IV – pesquisas científicas cujo impacto sobre o ambiente seja maior do que aquele causado pela simples observação ou pela coleta controlada de componentes dos ecossistemas, em uma área correspondente a no máximo três por cento da extensão total da unidade e até o limite de um mil e quinhentos hectares. (Brasil, 2000b)

Assim, a lei enfatiza que tais áreas são de posse e domínio públicos, e as áreas particulares incluídas em seus limites devem ser desapropriadas, de acordo com o que dispõe a lei. É proibida a visitação pública, exceto quando com objetivo educacional, conforme o disposto no plano de manejo da unidade ou em regulamento específico. A pesquisa científica depende de autorização prévia do órgão responsável pela administração da unidade e está sujeita às condições e restrições por este estabelecidas, bem como àquelas previstas em regulamento.

Outra modalidade prevista de unidade de conservação é a **reserva biológica**. De acordo com o art. 10 da lei em questão:

> Art. 10. A Reserva Biológica tem como objetivo a preservação integral da biota e demais atributos naturais existentes em seus limites, sem interferência humana direta ou modificações ambientais, excetuando-se as medidas de recuperação de seus ecossistemas alterados e as ações de manejo necessárias

para recuperar e preservar o equilíbrio natural, a diversidade biológica e os processos ecológicos naturais.

§ 1º A Reserva Biológica é de posse e domínio públicos, sendo que as áreas particulares incluídas em seus limites serão desapropriadas, de acordo com o que dispõe a lei.

§ 2º É proibida a visitação pública, exceto aquela com objetivo educacional, de acordo com regulamento específico.

§ 3º A pesquisa científica depende de autorização prévia do órgão responsável pela administração da unidade e está sujeita às condições e restrições por este estabelecidas, bem como àquelas previstas em regulamento. (Brasil, 2000b)

Conforme previsão legal, essas áreas têm como objetivo a preservação integral da biota e demais atributos naturais existentes em seus limites, sem interferência humana direta ou modificações ambientais. A exceção fica por conta das medidas de recuperação de seus ecossistemas alterados e das ações de manejo necessárias para recuperar e preservar o equilíbrio natural, a diversidade biológica e os processos ecológicos naturais.

Já o **parque nacional** tem como objetivo básico a preservação de ecossistemas naturais de grande relevância ecológica e beleza cênica. São permitidos a realização de pesquisas científicas e o desenvolvimento de atividades de educação e interpretação ambiental, de recreação em contato com a natureza e de turismo ecológico. Assim determina o art. 11 da lei:

Art. 11. O Parque Nacional tem como objetivo básico a preservação de ecossistemas naturais de grande relevância ecológica e beleza cênica, possibilitando a realização de pesquisas científicas e o desenvolvimento de atividades de educação e interpretação ambiental, de recreação em contato com a natureza e de turismo ecológico.

§ 1º O Parque Nacional é de posse e domínio públicos, sendo que as áreas particulares incluídas em seus limites serão desapropriadas, de acordo com o que dispõe a lei.

§ 2º A visitação pública está sujeita às normas e restrições estabelecidas no Plano de Manejo da unidade, às normas estabelecidas pelo órgão responsável por sua administração, e àquelas previstas em regulamento.

§ 3º A pesquisa científica depende de autorização prévia do órgão responsável pela administração da unidade e está sujeita às condições e restrições por este estabelecidas, bem como àquelas previstas em regulamento.

§ 4º As unidades dessa categoria, quando criadas pelo Estado ou Município, serão denominadas, respectivamente, Parque Estadual e Parque Natural Municipal. (Brasil, 2000b)

Em seguida, a lei define **monumento natural** em seu art. 12:

Art. 12. O Monumento Natural tem como objetivo básico preservar sítios naturais raros, singulares ou de grande beleza cênica.

§ 1º O Monumento Natural pode ser constituído por áreas particulares, desde que seja possível compatibilizar os objetivos da unidade com a utilização da terra e dos recursos naturais do local pelos proprietários.

§ 2º Havendo incompatibilidade entre os objetivos da área e as atividades privadas ou não havendo aquiescência do proprietário às condições propostas pelo órgão responsável pela administração da unidade para a coexistência do Monumento Natural com o uso da propriedade, a área deve ser desapropriada, de acordo com o que dispõe a lei.

§ 3º A visitação pública está sujeita às condições e restrições estabelecidas no Plano de Manejo da unidade, às normas estabelecidas pelo órgão responsável por sua administração e àquelas previstas em regulamento. (Brasil, 2000b)

O **refúgio de vida silvestre**, por sua vez, tem como objetivo proteger ambientes naturais a fim de assegurar as condições para a existência ou reprodução de espécies ou comunidades da flora local e da fauna residente ou migratória. Pode ser constituído por áreas particulares, desde que seja possível compatibilizar os objetivos da unidade com a utilização da terra e dos recursos naturais pelos proprietários. Assim determina o art. 13 da lei em questão:

Art. 13. O Refúgio de Vida Silvestre tem como objetivo proteger ambientes naturais onde se asseguram condições para a existência ou reprodução de espécies ou comunidades da flora local e da fauna residente ou migratória.

§ 1º O Refúgio de Vida Silvestre pode ser constituído por áreas particulares, desde que seja possível compatibilizar os objetivos da unidade com a utilização da terra e dos recursos naturais do local pelos proprietários.

§ 2º Havendo incompatibilidade entre os objetivos da área e as atividades privadas ou não havendo aquiescência do proprietário às condições propostas pelo órgão responsável pela administração da unidade para a coexistência do Refúgio de Vida Silvestre com o uso da propriedade, a área deve ser desapropriada, de acordo com o que dispõe a lei.

§ 3º A visitação pública está sujeita às normas e restrições estabelecidas no Plano de Manejo da unidade, às normas estabelecidas pelo órgão responsável por sua administração, e àquelas previstas em regulamento.

§ 4º A pesquisa científica depende de autorização prévia do órgão responsável pela administração da unidade e está sujeita às condições e restrições por este estabelecidas, bem como àquelas previstas em regulamento. (Brasil, 2000b)

Havendo incompatibilidade entre os objetivos da área e as atividades privadas ou não havendo aquiescência do proprietário às condições propostas pelo órgão responsável pela administração da unidade para a coexistência do refúgio de vida silvestre com o uso da propriedade, a área deve ser desapropriada, de acordo com o que dispõe a lei.

— 4.1.2 —
Unidades de conservação de uso sustentável

As unidades de conservação de uso sustentável são compostas de área de proteção ambiental, área de relevante interesse ecológico, floresta nacional, reserva extrativista, reserva de fauna, reserva de desenvolvimento sustentável e reserva particular do patrimônio natural, conforme prevê o art. 14 da Lei n. 9.985/2000.

A **área de proteção ambiental** tem como objetivos básicos "proteger a diversidade biológica, disciplinar o processo de ocupação e assegurar a sustentabilidade do uso dos recursos naturais" (Brasil, 2000b). Segundo o art. 15 da referida lei:

> Art. 15. A Área de Proteção Ambiental é uma área em geral extensa, com um certo grau de ocupação humana, dotada de atributos abióticos, bióticos, estéticos ou culturais especialmente importantes para a qualidade de vida e o bem-estar das populações humanas, e tem como objetivos básicos proteger a diversidade biológica, disciplinar o processo de ocupação e assegurar a sustentabilidade do uso dos recursos naturais.
>
> § 1º A Área de Proteção Ambiental é constituída por terras públicas ou privadas.
>
> § 2º Respeitados os limites constitucionais, podem ser estabelecidas normas e restrições para a utilização de uma propriedade privada localizada em uma Área de Proteção Ambiental.

§ 3º As condições para a realização de pesquisa científica e visitação pública nas áreas sob domínio público serão estabelecidas pelo órgão gestor da unidade.

§ 4º Nas áreas sob propriedade privada, cabe ao proprietário estabelecer as condições para pesquisa e visitação pelo público, observadas as exigências e restrições legais.

§ 5º A Área de Proteção Ambiental disporá de um Conselho presidido pelo órgão responsável por sua administração e constituído por representantes dos órgãos públicos, de organizações da sociedade civil e da população residente, conforme se dispuser no regulamento desta Lei. (Brasil, 2000b)

A **área de relevante interesse ecológico** tem como finalidade "manter os ecossistemas naturais de importância regional ou local e regular o uso admissível dessas áreas, de modo a compatibilizá-lo com os objetivos de conservação da natureza" (Brasil, 2000b). Nesses termos, a lei diz:

> Art. 16. A Área de Relevante Interesse Ecológico é uma área em geral de pequena extensão, com pouca ou nenhuma ocupação humana, com características naturais extraordinárias ou que abriga exemplares raros da biota regional, e tem como objetivo manter os ecossistemas naturais de importância regional ou local e regular o uso admissível dessas áreas, de modo a compatibilizá-lo com os objetivos de conservação da natureza.
>
> § 1º A Área de Relevante Interesse Ecológico é constituída por terras públicas ou privadas.

§ 2º Respeitados os limites constitucionais, podem ser estabelecidas normas e restrições para a utilização de uma propriedade privada localizada em uma Área de Relevante Interesse Ecológico. (Brasil, 2000b)

A **floresta nacional** busca fundamentalmente promover "o uso múltiplo sustentável dos recursos florestais e a pesquisa científica, com ênfase em métodos para exploração sustentável de florestas nativas" (Brasil, 2000b):

> Art. 17. A Floresta Nacional é uma área com cobertura florestal de espécies predominantemente nativas e tem como objetivo básico o uso múltiplo sustentável dos recursos florestais e a pesquisa científica, com ênfase em métodos para exploração sustentável de florestas nativas.
>
> § 1º A Floresta Nacional é de posse e domínio públicos, sendo que as áreas particulares incluídas em seus limites devem ser desapropriadas de acordo com o que dispõe a lei.
>
> § 2º Nas Florestas Nacionais é admitida a permanência de populações tradicionais que a habitam quando de sua criação, em conformidade com o disposto em regulamento e no Plano de Manejo da unidade.
>
> § 3º A visitação pública é permitida, condicionada às normas estabelecidas para o manejo da unidade pelo órgão responsável por sua administração.
>
> § 4º A pesquisa é permitida e incentivada, sujeitando-se à prévia autorização do órgão responsável pela administração da

unidade, às condições e restrições por este estabelecidas e àquelas previstas em regulamento.

§ 5º A Floresta Nacional disporá de um Conselho Consultivo, presidido pelo órgão responsável por sua administração e constituído por representantes de órgãos públicos, de organizações da sociedade civil e, quando for o caso, das populações tradicionais residentes.

§ 6º A unidade desta categoria, quando criada pelo Estado ou Município, será denominada, respectivamente, Floresta Estadual e Floresta Municipal. (Brasil, 2000b)

Já a **reserva extrativista** tem o intuito de "proteger os meios de vida e a cultura" das respectivas populações, além de "assegurar o uso sustentável dos recursos naturais da unidade" (Brasil, 2000b):

> Art. 18. A Reserva Extrativista é uma área utilizada por populações extrativistas tradicionais, cuja subsistência baseia-se no extrativismo e, complementarmente, na agricultura de subsistência e na criação de animais de pequeno porte, e tem como objetivos básicos proteger os meios de vida e a cultura dessas populações, e assegurar o uso sustentável dos recursos naturais da unidade.
>
> § 1º A Reserva Extrativista é de domínio público, com uso concedido às populações extrativistas tradicionais conforme o disposto no art. 23 desta Lei e em regulamentação específica, sendo que as áreas particulares incluídas em seus limites devem ser desapropriadas, de acordo com o que dispõe a lei.

§ 2º A Reserva Extrativista será gerida por um Conselho Deliberativo, presidido pelo órgão responsável por sua administração e constituído por representantes de órgãos públicos, de organizações da sociedade civil e das populações tradicionais residentes na área, conforme se dispuser em regulamento e no ato de criação da unidade.

§ 3º A visitação pública é permitida, desde que compatível com os interesses locais e de acordo com o disposto no Plano de Manejo da área.

§ 4º A pesquisa científica é permitida e incentivada, sujeitando-se à prévia autorização do órgão responsável pela administração da unidade, às condições e restrições por este estabelecidas e às normas previstas em regulamento.

§ 5º O Plano de Manejo da unidade será aprovado pelo seu Conselho Deliberativo.

§ 6º São proibidas a exploração de recursos minerais e a caça amadorística ou profissional.

§ 7º A exploração comercial de recursos madeireiros só será admitida em bases sustentáveis e em situações especiais e complementares às demais atividades desenvolvidas na Reserva Extrativista, conforme o disposto em regulamento e no Plano de Manejo da unidade. (Brasil, 2000b)

É uma área "de domínio público, com uso concedido às populações extrativistas tradicionais conforme o disposto no art. 23 desta Lei e em regulamentação específica" (Brasil, 2000b). As áreas particulares que estiverem em seus limites devem ser desapropriadas.

A **reserva de fauna** é uma área natural que abrange "populações animais de espécies nativas, terrestres ou aquáticas, residentes ou migratórias" (Brasil, 2000b). Vejamos o que diz a lei:

> Art. 19. A Reserva de Fauna é uma área natural com populações animais de espécies nativas, terrestres ou aquáticas, residentes ou migratórias, adequadas para estudos técnico-científicos sobre o manejo econômico sustentável de recursos faunísticos.
>
> § 1º A Reserva de Fauna é de posse e domínio públicos, sendo que as áreas particulares incluídas em seus limites devem ser desapropriadas de acordo com o que dispõe a lei.
>
> § 2º A visitação pública pode ser permitida, desde que compatível com o manejo da unidade e de acordo com as normas estabelecidas pelo órgão responsável por sua administração.
>
> § 3º É proibido o exercício da caça amadorística ou profissional.
>
> § 4º A comercialização dos produtos e subprodutos resultantes das pesquisas obedecerá ao disposto nas leis sobre fauna e regulamentos. (Brasil, 2000b)

A **reserva de desenvolvimento sustentável** tem como objetivos básicos "preservar a natureza" e "assegurar as condições e os meios necessários para a reprodução e a melhoria dos modos e da qualidade de vida e a exploração dos recursos naturais das populações tradicionais" (Brasil, 2000b). Ademais, busca "valorizar, conservar e aperfeiçoar o conhecimento e as técnicas de manejo do ambiente desenvolvido por essas populações" (Brasil, 2000b). Assim dispõe o art. 20 da lei:

Art. 20. A Reserva de Desenvolvimento Sustentável é uma área natural que abriga populações tradicionais, cuja existência baseia-se em sistemas sustentáveis de exploração dos recursos naturais, desenvolvidos ao longo de gerações e adaptados às condições ecológicas locais e que desempenham um papel fundamental na proteção da natureza e na manutenção da diversidade biológica.

§ 1º A Reserva de Desenvolvimento Sustentável tem como objetivo básico preservar a natureza e, ao mesmo tempo, assegurar as condições e os meios necessários para a reprodução e a melhoria dos modos e da qualidade de vida e exploração dos recursos naturais das populações tradicionais, bem como valorizar, conservar e aperfeiçoar o conhecimento e as técnicas de manejo do ambiente, desenvolvido por estas populações.

§ 2º A Reserva de Desenvolvimento Sustentável é de domínio público, sendo que as áreas particulares incluídas em seus limites devem ser, quando necessário, desapropriadas, de acordo com o que dispõe a lei.

§ 3º O uso das áreas ocupadas pelas populações tradicionais será regulado de acordo com o disposto no art. 23 desta Lei e em regulamentação específica.

§ 4º A Reserva de Desenvolvimento Sustentável será gerida por um Conselho Deliberativo, presidido pelo órgão responsável por sua administração e constituído por representantes de órgãos públicos, de organizações da sociedade civil e das populações tradicionais residentes na área, conforme se dispuser em regulamento e no ato de criação da unidade.

§ 5º As atividades desenvolvidas na Reserva de Desenvolvimento Sustentável obedecerão às seguintes condições:

I – é permitida e incentivada a visitação pública, desde que compatível com os interesses locais e de acordo com o disposto no Plano de Manejo da área;

II – é permitida e incentivada a pesquisa científica voltada à conservação da natureza, à melhor relação das populações residentes com seu meio e à educação ambiental, sujeitando-se à prévia autorização do órgão responsável pela administração da unidade, às condições e restrições por este estabelecidas e às normas previstas em regulamento;

III – deve ser sempre considerado o equilíbrio dinâmico entre o tamanho da população e a conservação; e

IV – é admitida a exploração de componentes dos ecossistemas naturais em regime de manejo sustentável e a substituição da cobertura vegetal por espécies cultiváveis, desde que sujeitas ao zoneamento, às limitações legais e ao Plano de Manejo da área.

§ 6º O Plano de Manejo da Reserva de Desenvolvimento Sustentável definirá as zonas de proteção integral, de uso sustentável e de amortecimento e corredores ecológicos, e será aprovado pelo Conselho Deliberativo da unidade. (Brasil, 2000b)

Por fim, a **reserva particular do patrimônio natural** tem o objetivo de "conservar a diversidade biológica", conforme art. 21 da referida lei:

Art. 21. A Reserva Particular do Patrimônio Natural é uma área privada, gravada com perpetuidade, com o objetivo de conservar a diversidade biológica.

§ 1º O gravame de que trata este artigo constará de termo de compromisso assinado perante o órgão ambiental, que verificará a existência de interesse público, e será averbado à margem da inscrição no Registro Público de Imóveis.

§ 2º Só poderá ser permitida, na Reserva Particular do Patrimônio Natural, conforme se dispuser em regulamento:

I – a pesquisa científica;

II – a visitação com objetivos turísticos, recreativos e educacionais;

III – (VETADO)

§ 3º Os órgãos integrantes do SNUC, sempre que possível e oportuno, prestarão orientação técnica e científica ao proprietário de Reserva Particular do Patrimônio Natural para a elaboração de um Plano de Manejo ou de Proteção e de Gestão da unidade. (Brasil, 2000b)

Notemos que, nesse último caso, o gravame deve constar de termo de compromisso assinado perante o órgão ambiental, que verificará a existência de interesse público, o qual será averbado à margem da inscrição no registro público de imóveis. Nesse tipo de unidade, só são permitidas a pesquisa científica e a visitação com objetivos turísticos, recreativos e educacionais.

— 4.2 —
Criação de uma unidade de conservação

As unidades de conservação podem ser criadas por ato do Poder Público (art. 22, *caput*, da Lei n. 9.985/2000), ou seja, por lei ou por decreto do chefe do Poder Executivo federal, estadual ou municipal. No entanto, a lei determina que a criação da unidade de conservação seja precedida de estudos técnicos e de, na maioria dos casos, consulta pública, para que seja possível melhor identificação, delimitação e dimensão, entre outros quesitos.

Segundo entendimento do Superior Tribunal de Justiça (STJ), o Poder Público, ao criar uma unidade de conservação, responde solidariamente com o particular que causar dano a essa unidade, "quando, devendo agir para evitar o dano ambiental, mantém-se inerte ou atua de forma deficiente. A responsabilização decorre da omissão ilícita, a exemplo da falta de fiscalização e de adoção de outras medidas preventivas inerentes ao poder de polícia" (Brasil, 2009).

Já no que tange à preservação, à prevenção e à defesa contra crimes e infrações ambientais, foram criados, no âmbito dos ministérios do Meio Ambiente e da Justiça, os programas de segurança ambiental denominados *Guarda Ambiental Nacional* e *Corpo de Guarda-Parques*, formados por integrantes do Corpo de Bombeiros e da Polícia Militar.

— 4.3 —
Código Florestal

A primeira versão do Código Florestal brasileiro foi criada em 1934. Posteriormente, foi revisada e alterada, apresentada na Lei n. 4.771, de 15 de setembro de 1965. Atualmente, o novo Código Florestal foi publicado por meio da Lei n. 12.651, de 25 de maio de 2012, e é responsável por estabelecer

> normas gerais sobre a proteção da vegetação, áreas de Preservação Permanente e as áreas de Reserva Legal; a exploração florestal, o suprimento de matéria-prima florestal, o controle da origem dos produtos florestais e o controle e prevenção dos incêndios florestais, e prevê instrumentos econômicos e financeiros para o alcance de seus objetivos. (Brasil, 2012)

Assim como as demais leis que regem o meio ambiente, o atual Código Florestal apresenta os princípios que o regem. Desse modo, reafirma-se a importância das florestas no crescimento econômico e na melhoria da qualidade de vida da população brasileira e da presença do país nos mercados nacional e internacional de alimentos e bioenergia. O Código Florestal também enfatiza o compromisso do país com a proteção e o uso sustentável de florestas, bem como com a compatibilização e a harmonização entre uso produtivo da terra e a preservação da água, do solo e da vegetação.

O código elenca que é de responsabilidade comum da União, dos estados, do Distrito Federal, dos municípios e da sociedade a criação de políticas para a preservação e a restauração da vegetação nativa e de suas funções ecológicas e sociais. Além disso, esses entes são responsáveis pelo fomento à pesquisa na busca de inovação para o uso sustentável do meio ambiente e para a criação e a mobilização de incentivos econômicos para promover sua preservação e recuperação.

Ademais, em consonância com o art. 225 da Constituição Federal, que dispõe que é direito de todos o meio ambiente ecologicamente equilibrado, o Código Florestal, em seu art. 2º, dispõe que as florestas existentes no país e as demais vegetações nativas são bens de interesse comum a todos os habitantes do país. Para tanto, o código, com o objetivo de preservação, criou dois espaços territoriais para a proteção do meio ambiente: área de preservação permanente (APP) e reserva florestal legal. Vejamos.

— 4.3.1 —
Área de preservação permanente (APP)

O termo foi criado pelo primeiro Código Florestal do país. Atualmente, a APP está definida pela legislação em vigor, em seu art. 1º, parágrafo 2º, inciso II, como a área protegida, coberta ou não por vegetação nativa, com a função ambiental de preservar os recursos hídricos, a paisagem, a estabilidade geológica, a biodiversidade, o fluxo gênico da fauna e flora, além de proteger o solo e assegurar o bem-estar da sociedade. A APP abrange, entre outras, as áreas ao longo dos rios ou de qualquer curso d'água, ao redor de lagoas, lagos ou reservatórios de águas naturais ou artificiais, de nascentes, ainda que intermitentes, e dos chamados *olhos d'água*.

As APPs inserem-se no espaço territorial especialmente protegido, conforme art. 225, parágrafo 1º, inciso III, da Constituição Federal. São instituídas conforme sua localização (art. 4º) ou sua destinação (art. 6º). Podem existir nas propriedades urbanas ou rurais e são classificadas em doze categorias:

> Art. 4º Considera-se Área de Preservação Permanente, em zonas rurais ou urbanas, para os efeitos desta Lei:
>
> I – as faixas marginais de qualquer curso d'água natural perene e intermitente, excluídos os efêmeros, desde a borda da calha do leito regular, em largura mínima de:
>
> a) 30 (trinta) metros, para os cursos d'água de menos de 10 (dez) metros de largura;
>
> b) 50 (cinquenta) metros, para os cursos d'água que tenham de 10 (dez) a 50 (cinquenta) metros de largura;
>
> c) 100 (cem) metros, para os cursos d'água que tenham de 50 (cinquenta) a 200 (duzentos) metros de largura;
>
> d) 200 (duzentos) metros, para os cursos d'água que tenham de 200 (duzentos) a 600 (seiscentos) metros de largura;
>
> e) 500 (quinhentos) metros, para os cursos d'água que tenham largura superior a 600 (seiscentos) metros;

II – as áreas no entorno dos lagos e lagoas naturais, em faixa com largura mínima de:

a) 100 (cem) metros, em zonas rurais, exceto para o corpo d'água com até 20 (vinte) hectares de superfície, cuja faixa marginal será de 50 (cinquenta) metros;

b) 30 (trinta) metros, em zonas urbanas;

III – as áreas no entorno dos reservatórios d'água artificiais, decorrentes de barramento ou represamento de cursos d'água naturais, na faixa definida na licença ambiental do empreendimento;

IV – as áreas no entorno das nascentes e dos olhos d'água perenes, qualquer que seja sua situação topográfica, no raio mínimo de 50 (cinquenta) metros;

V – as encostas ou partes destas com declividade superior a 45°, equivalente a 100% (cem por cento) na linha de maior declive;

VI – as restingas, como fixadoras de dunas ou estabilizadoras de mangues;

VII – os manguezais, em toda a sua extensão;

VIII – as bordas dos tabuleiros ou chapadas, até a linha de ruptura do relevo, em faixa nunca inferior a 100 (cem) metros em projeções horizontais;

IX – no topo de morros, montes, montanhas e serras, com altura mínima de 100 (cem) metros e inclinação média maior que 25°, as áreas delimitadas a partir da curva de nível correspondente a 2/3 (dois terços) da altura mínima da elevação sempre em relação à base, sendo esta definida pelo plano horizontal determinado por planície ou espelho d'água adjacente ou, nos relevos ondulados, pela cota do ponto de sela mais próximo da elevação;

X – as áreas em altitude superior a 1.800 (mil e oitocentos) metros, qualquer que seja a vegetação;

XI – em veredas, a faixa marginal, em projeção horizontal, com largura mínima de 50 (cinquenta) metros, a partir do espaço permanentemente brejoso e encharcado. [...] (Brasil, 2012)

De maneira geral, a vegetação que se localiza em uma APP é de responsabilidade do proprietário da área, do possuidor ou do ocupante, que pode ser pessoa física ou jurídica, de direito público ou privado. Se houver supressão de vegetação nessa área, o responsável é obrigado a promover sua recomposição, ressalvados os usos autorizados previstos em Lei. Essa obrigação de reparação é *propter rem*, ou seja, tem natureza real e é transmitida ao sucessor no caso de transferência de domínio ou posse do imóvel.

— 4.3.2 —
Reserva legal florestal

Também é definida pelo Código Florestal (art. 1º, parágrafo 2º, inciso III) como a área localizada no interior de uma propriedade ou posse rural, exceto a área de preservação permanente, necessária ao uso sustentável dos recursos naturais, à conservação e à reabilitação dos processos ecológicos, à conservação da biodiversidade e ao abrigo e à proteção da fauna e flora nativas.

Assim, todo imóvel rural deve manter área com cobertura de vegetação nativa, a título de reserva legal, conforme dispõe o art. 12 da Lei n. 12.651/2012. Os percentuais de cobertura variam conforme a localização do imóvel. Vejamos o quadro a seguir.

Quadro 4.1 – Cobertura de vegetação nativa na área rural

Localização do imóvel	Percentual de vegetação nativa
Floresta da Amazônia Legal	80%
Cerrado da Amazônia Legal	35%
Campos gerais da Amazônia Legal	20%
Demais regiões rurais do Brasil	20%

Fonte: Brasil, 2012.

A reserva legal é uma limitação ao direito de propriedade rural que promove a função social. Sua implementação não depende da vegetação existente (se nativa, plantada ou substituída por outra). A obrigação de respeitá-la recai sobre o proprietário e a todos que o sucederem em tal condição. Sua localização deve observar uma série de critérios previstos em lei, assim definidos:

> Art. 14. A localização da área de Reserva Legal no imóvel rural deverá levar em consideração os seguintes estudos e critérios:
>
> I – o plano de bacia hidrográfica;
>
> II – o Zoneamento Ecológico-Econômico
>
> III – a formação de corredores ecológicos com outra Reserva Legal, com Área de Preservação Permanente, com Unidade de Conservação ou com outra área legalmente protegida;

IV – as áreas de maior importância para a conservação da biodiversidade; e

V – as áreas de maior fragilidade ambiental. (Brasil, 2012)

A área de reserva legal pode abranger no cômputo as áreas de preservação permanente desde que não implique a conversão de novas áreas para o uso alternativo do solo. Para que isso ocorra, é necessário que a área a ser agregada esteja conservada ou em processo de recuperação, conforme comprovação do proprietário ao órgão estadual ambiental. Também é requisito que o proprietário ou possuidor das terras rurais comprove o requerimento de inclusão do imóvel no Cadastro Ambiental Rural (CAR). Vejamos o próximo tópico.

— 4.4 —

Cadastro Ambiental Rural (CAR)

O Cadastro Ambiental Rural (CAR) integra o Sistema Nacional de Informação sobre Meio Ambiente (Sinima). É eletrônico, tem abrangência nacional e é obrigatório para todos os imóveis rurais, a fim de integrar as informações ambientais das propriedades e posses rurais.

Todo imóvel rural deve estar inscrito no CAR do órgão ambiental municipal ou estadual. Cabe ao órgão exigir as seguintes informações para realizar a inscrição: identificação do proprietário ou possuidor rural; comprovação da propriedade ou posse; identificação do imóvel por meio de planta e memorial descritivo, com a indicação das coordenadas geográficas e pelo menos um ponto de amarração do perímetro do imóvel que informe a localização dos remanescentes de vegetação nativa, das APPs, das áreas de uso restrito, das áreas consolidadas e, caso existente, da reserva legal.

O cadastramento não substitui a matrícula do imóvel e não é considerado título para reconhecimento do direito de propriedade ou posse. Entretanto, a inscrição, que tem prazo indeterminado, é pré-requisito para que se viabilize a venda do imóvel rural.

— 4.5 —
Política Nacional de Recursos Hídricos

Nenhum tipo de vida é possível sem água, razão pela qual a Política Nacional de Recursos Hídricos exalta a importância da água e dispõe que ela constitui um bem de domínio público, um recurso natural limitado, dotado de valor econômico. A política também elenca que, em caso de escassez, prioriza-se seu uso para o consumo humano e a dessedentação de animais.

A Política Nacional de Recursos Hídricos foi instituída por intermédio da Lei n. 9.433, de 8 de janeiro de 1997, para atender à determinação da Constituição Federal de 1988, que, em seu art. 21, inciso XIX, assim determinou:

Art. 21. Compete à União:

[...]

XIX – instituir sistema nacional de gerenciamento de recursos hídricos e definir critérios de outorga de direitos de seu uso; [...] (Brasil, 1988)

Nesse contexto, os recursos hídricos compreendem águas interiores, superficiais e subterrâneas, estuários, mar territorial, solo, subsolo, elementos da biosfera, fauna e flora (art. 3º, V, da Lei n. 6.938/1981).

As águas sob jurisdição nacional ainda podem ser classificadas como *águas interiores*, que são, nos termos do art. 3º do Decreto n. 8.127, de 22 de outubro de 2013:

Art. 3º Para os fins deste Decreto, são consideradas águas sob jurisdição nacional:

I – águas interiores:

a) compreendidas entre a costa e a linha de base reta, a partir da qual se mede o mar territorial;

b) dos portos;

c) das baías;

d) dos rios e de suas desembocaduras;

e) dos lagos, das lagoas e dos canais;

f) dos arquipélagos; e

g) entre os baixios, a descoberta e a costa; e

II – águas marítimas, todas aquelas sob jurisdição nacional que não sejam interiores, a saber:

a) as águas abrangidas por uma faixa de doze milhas marítimas de largura, medidas a partir da linha de base reta e da linha de baixa-mar, conforme indicação das cartas náuticas de grande escala, reconhecidas oficialmente no Brasil-mar territorial;

b) as águas abrangidas por uma faixa que se estende das doze às duzentas milhas marítimas, contadas a partir das linhas de base que servem para medir o mar territorial, que constituem a zona econômica exclusiva; e

c) as águas sobrejacentes à plataforma continental, quando esta ultrapassar os limites da zona econômica exclusiva. (Brasil, 2013)

A Política Nacional dos Recursos Hídricos tem como base o que determina o art. 1º da Lei 9.433/1997:

Art. 1º A Política Nacional de Recursos Hídricos baseia-se nos seguintes fundamentos:

I – a água é um bem de domínio público;

II – a água é um recurso natural limitado, dotado de valor econômico;

III – em situações de escassez, o uso prioritário dos recursos hídricos é o consumo humano e a dessedentação de animais;

IV – a gestão dos recursos hídricos deve sempre proporcionar o uso múltiplo das águas;

V – a bacia hidrográfica é a unidade territorial para implementação da Política Nacional de Recursos Hídricos e atuação do Sistema Nacional de Gerenciamento de Recursos Hídricos;

VI – a gestão dos recursos hídricos deve ser descentralizada e contar com a participação do Poder Público, dos usuários e das comunidades. (Brasil, 1997a)

Tais fundamentos visam atender aos seguintes objetivos:

- garantir água para as futuras gerações com o uso racional desse recurso no presente;
- prevenir e defender os recursos hídricos contra eventos hidrológicos críticos de origem natural ou decorrentes do uso inadequado;
- incentivar e promover a preservação desse tipo de recurso, a água.

Conforme art. 3º da lei, são as diretrizes para implementação da política:

Art. 3º Constituem diretrizes gerais de ação para implementação da Política Nacional de Recursos Hídricos:

I – a gestão sistemática dos recursos hídricos, sem dissociação dos aspectos de quantidade e qualidade;

II – a adequação da gestão de recursos hídricos às diversidades físicas, bióticas, demográficas, econômicas, sociais e culturais das diversas regiões do País;

III – a integração da gestão de recursos hídricos com a gestão ambiental;

IV – a articulação do planejamento de recursos hídricos com o dos setores usuários e com os planejamentos regional, estadual e nacional;

V – a articulação da gestão de recursos hídricos com a do uso do solo;

VI – a integração da gestão das bacias hidrográficas com a dos sistemas estuarinos e zonas costeiras. (Brasil, 1997a)

Além das diretrizes, merecem análise os instrumentos descritos em lei para proteção da qualidade e do amplo acesso das águas.

— 4.5.1 —
Instrumentos da Política Nacional de Recursos Hídricos

A Lei n. 9.433/1997 elenca os seguintes instrumentos de ação:

> Art. 5º São instrumentos da Política Nacional de Recursos Hídricos:
>
> I – os Planos de Recursos Hídricos;
>
> II – o enquadramento dos corpos de água em classes, segundo os usos preponderantes da água;
>
> III – a outorga dos direitos de uso de recursos hídricos;
>
> IV – a cobrança pelo uso de recursos hídricos;
>
> V – a compensação a municípios;

VI – o Sistema de Informações sobre Recursos Hídricos. (Brasil, 1997a)

Os **planos de recursos hídricos** são planos diretores, de longo prazo, os quais visam implementar a política de recursos hídricos e possibilitar seu gerenciamento. De acordo com a própria lei:

> Art. 7º Os Planos de Recursos Hídricos são planos de longo prazo, com horizonte de planejamento compatível com o período de implantação de seus programas e projetos e terão o seguinte conteúdo mínimo:
>
> I – diagnóstico da situação atual dos recursos hídricos;
>
> II – análise de alternativas de crescimento demográfico, de evolução de atividades produtivas e de modificações dos padrões de ocupação do solo;
>
> III – balanço entre disponibilidades e demandas futuras dos recursos hídricos, em quantidade e qualidade, com identificação de conflitos potenciais;
>
> IV – metas de racionalização de uso, aumento da quantidade e melhoria da qualidade dos recursos hídricos disponíveis;
>
> V – medidas a serem tomadas, programas a serem desenvolvidos e projetos a serem implantados, para o atendimento das metas previstas;
>
> VI – (VETADO)
>
> VII – (VETADO)
>
> VIII – prioridades para outorga de direitos de uso de recursos hídricos;

IX – diretrizes e critérios para a cobrança pelo uso dos recursos hídricos;

X – propostas para a criação de áreas sujeitas a restrição de uso, com vistas à proteção dos recursos hídricos. (Brasil, 1997a)

O **enquadramento dos corpos de água em classes**, segundo os usos preponderantes da água, visa, conforme o art. 9º:

I – assegurar às águas qualidade compatível com os usos mais exigentes a que forem destinadas;

II – diminuir os custos de combate à poluição das águas, mediante ações preventivas permanentes. (Brasil, 1997a)

Quanto à **outorga dos recursos hídricos**, a lei dispõe que é de competência da União definir os critérios. A cobrança pelo uso dos recursos hídricos é o meio pelo qual se reconhece a água como bem econômico, e os indivíduos passam a ter uma noção de seu valor, além de a cobrança incentivar o uso racional da água. Também é fonte de recursos para os programas e as intervenções elencados na lei. Vejamos.

Art. 12. Estão sujeitos a outorga pelo Poder Público os direitos dos seguintes usos de recursos hídricos:

I – derivação ou captação de parcela da água existente em um corpo de água para consumo final, inclusive abastecimento público, ou insumo de processo produtivo;

II – extração de água de aquífero subterrâneo para consumo final ou insumo de processo produtivo;

III – lançamento em corpo de água de esgotos e demais resíduos líquidos ou gasosos, tratados ou não, com o fim de sua diluição, transporte ou disposição final;

IV – aproveitamento dos potenciais hidrelétricos;

V – outros usos que alterem o regime, a quantidade ou a qualidade da água existente em um corpo de água.

§ 1º Independem de outorga pelo Poder Público, conforme definido em regulamento:

I – o uso de recursos hídricos para a satisfação das necessidades de pequenos núcleos populacionais, distribuídos no meio rural;

II – as derivações, captações e lançamentos considerados insignificantes;

III – as acumulações de volumes de água consideradas insignificantes.

§ 2º A outorga e a utilização de recursos hídricos para fins de geração de energia elétrica estará subordinada ao Plano Nacional de Recursos Hídricos, aprovado na forma do disposto no inciso VIII do art. 35 desta Lei, obedecida a disciplina da legislação setorial específica. (Brasil, 1997a)

Por acarretar despesas adicionais para a União, o disposto no parágrafo 2º do artigo citado traz a impossibilidade de utilização da receita decorrente da cobrança pelo uso de recursos hídricos para financiar eventuais compensações. Portanto, a União deve deslocar recursos escassos de fontes existentes para o pagamento da nova despesa.

A outorga pode ser suspensa, segundo a lei, nas seguintes hipóteses:

> Art. 15. A outorga de direito de uso de recursos hídricos poderá ser suspensa parcial ou totalmente, em definitivo ou por prazo determinado, nas seguintes circunstâncias:
>
> I – não cumprimento pelo outorgado dos termos da outorga;
>
> II – ausência de uso por três anos consecutivos;
>
> III – necessidade premente de água para atender a situações de calamidade, inclusive as decorrentes de condições climáticas adversas;
>
> IV – necessidade de se prevenir ou reverter grave degradação ambiental;
>
> V – necessidade de se atender a usos prioritários, de interesse coletivo, para os quais não se disponha de fontes alternativas;
>
> VI – necessidade de serem mantidas as características de navegabilidade do corpo de água. (Brasil, 1997a)

Além disso, de acordo com a mensagem de veto presidencial ao projeto de lei da Política Nacional dos Recursos Hídricos:

> a compensação financeira poderia ser devida em casos em que o poder concedente fosse diverso do federal, como, por exemplo, decisões de construção de reservatórios por parte de Estado ou Município que trouxesse impacto sobre outro Município, com incidência da compensação sobre os cofres da União. (Brasil, 1997b)

O **sistema de informações sobre recursos hídricos** caracteriza-se por ser um sistema de coleta, tratamento, armazenamento e recuperação de informações sobre recursos hídricos e fatores intervenientes a sua gestão. Ademais, tem como objetivos:

> Reunir, dar consistência e divulgar os dados e informações sobre a situação qualitativa e quantitativa dos recursos hídricos no Brasil;
>
> Atualizar permanentemente as informações sobre disponibilidade e demanda de recursos hídricos em todo o território nacional;
>
> Fornecer subsídios para a elaboração dos Planos de Recursos Hídricos. (Brasil, 2021a)

A lei garante o acesso à informação coletada pelo sistema e prevê a descentralização na obtenção e na produção de dados e informações.

— 4.5.2 —
Sistema Nacional de Gerenciamento dos Recursos Hídricos (SINGREH)

A Lei n. 9.433/1997 também instituiu o Sistema Nacional de Gerenciamento de Recursos Hídricos (SINGREH) com o objetivo de coordenar a gestão integrada das águas; arbitrar administrativamente os conflitos relacionados com os recursos hídricos; implementar a Política Nacional de Recursos Hídricos; planejar, regular e controlar o uso, a preservação e a recuperação dos recursos hídricos; promover a cobrança pelo uso de recursos hídricos.

O sistema é composto pelos seguintes entes:

- Conselho Nacional de Recursos Hídricos (CNRH);
- Agência Nacional das Águas (ANA);
- conselhos de recursos hídricos dos estados e do Distrito Federal;
- comitês de bacia hidrográfica;
- órgãos dos poderes federal, estadual, distrital e municipal cujas competências se relacionem com a gestão de recursos hídricos;
- agências de água.

Vejamos alguns deles a seguir.

O **Conselho Nacional de Recursos Hídricos** tem a seguinte composição e atribuições, de acordo com os termos da Política Nacional de Recursos Hídricos:

> Art. 34. O Conselho Nacional de Recursos Hídricos é composto por:
>
> I - representantes dos Ministérios e Secretarias da Presidência da República com atuação no gerenciamento ou no uso de recursos hídricos;
>
> II - representantes indicados pelos Conselhos Estaduais de Recursos Hídricos;
>
> III - representantes dos usuários dos recursos hídricos;

IV - representantes das organizações civis de recursos hídricos.

Parágrafo único. O número de representantes do Poder Executivo Federal não poderá exceder à metade mais um do total dos membros do Conselho Nacional de Recursos Hídricos.

Art. 35. Compete ao Conselho Nacional de Recursos Hídricos:

I - promover a articulação do planejamento de recursos hídricos com os planejamentos nacional, regional, estaduais e dos setores usuários;

II - arbitrar, em última instância administrativa, os conflitos existentes entre Conselhos Estaduais de Recursos Hídricos;

III - deliberar sobre os projetos de aproveitamento de recursos hídricos cujas repercussões extrapolem o âmbito dos Estados em que serão implantados;

IV - deliberar sobre as questões que lhe tenham sido encaminhadas pelos Conselhos Estaduais de Recursos Hídricos ou pelos Comitês de Bacia Hidrográfica;

V - analisar propostas de alteração da legislação pertinente a recursos hídricos e à Política Nacional de Recursos Hídricos;

VI - estabelecer diretrizes complementares para implementação da Política Nacional de Recursos Hídricos, aplicação de seus instrumentos e atuação do Sistema Nacional de Gerenciamento de Recursos Hídricos;

VII - aprovar propostas de instituição dos Comitês de Bacia Hidrográfica e estabelecer critérios gerais para a elaboração de seus regimentos;

VIII - (VETADO)

IX – acompanhar a execução e aprovar o Plano Nacional de Recursos Hídricos e determinar as providências necessárias ao cumprimento de suas metas;

X – estabelecer critérios gerais para a outorga de direitos de uso de recursos hídricos e para a cobrança por seu uso.

XI – zelar pela implementação da Política Nacional de Segurança de Barragens (PNSB);

XII – estabelecer diretrizes para implementação da PNSB, aplicação de seus instrumentos e atuação do Sistema Nacional de Informações sobre Segurança de Barragens (SNISB);

XIII – apreciar o Relatório de Segurança de Barragens, fazendo, se necessário, recomendações para melhoria da segurança das obras, bem como encaminhá-lo ao Congresso Nacional. (Brasil, 1997a)

Outra importante estrutura de tutela dos recursos hídricos é a **Agência Nacional das Águas (ANA)**, uma autarquia federal em regime especial criada pela Lei n. 9.984, de 17 de julho de 2000. A agência tem autonomia administrativa e financeira e é vinculada ao Ministério do Desenvolvimento Regional. Sua atuação obedece aos fundamentos, objetivos, princípios, diretrizes e instrumentos da Política Nacional de Recursos Hídricos.

Já os **comitês de bacia hidrográfica** atuam da seguinte forma:

Art. 37. Os Comitês de Bacia Hidrográfica terão como área de atuação:

I – a totalidade de uma bacia hidrográfica;

II – sub-bacia hidrográfica de tributário do curso de água principal da bacia, ou de tributário desse tributário; ou

III – grupo de bacias ou sub-bacias hidrográficas contíguas.

Parágrafo único. A instituição de Comitês de Bacia Hidrográfica em rios de domínio da União será efetivada por ato do Presidente da República.

Art. 38. Compete aos Comitês de Bacia Hidrográfica, no âmbito de sua área de atuação:

I – promover o debate das questões relacionadas a recursos hídricos e articular a atuação das entidades intervenientes;

II – arbitrar, em primeira instância administrativa, os conflitos relacionados aos recursos hídricos;

III – aprovar o Plano de Recursos Hídricos da bacia;

IV – acompanhar a execução do Plano de Recursos Hídricos da bacia e sugerir as providências necessárias ao cumprimento de suas metas;

V – propor ao Conselho Nacional e aos Conselhos Estaduais de Recursos Hídricos as acumulações, derivações, captações e lançamentos de pouca expressão, para efeito de isenção da obrigatoriedade de outorga de direitos de uso de recursos hídricos, de acordo com os domínios destes;

VI – estabelecer os mecanismos de cobrança pelo uso de recursos hídricos e sugerir os valores a serem cobrados;

VII – (VETADO)

VIII – (VETADO)

IX – estabelecer critérios e promover o rateio de custo das obras de uso múltiplo, de interesse comum ou coletivo.

Parágrafo único. Das decisões dos Comitês de Bacia Hidrográfica caberá recurso ao Conselho Nacional ou aos Conselhos Estaduais de Recursos Hídricos, de acordo com sua esfera de competência.

Art. 39. Os Comitês de Bacia Hidrográfica são compostos por representantes:

I – da União;

II – dos Estados e do Distrito Federal cujos territórios se situem, ainda que parcialmente, em suas respectivas áreas de atuação;

III – dos Municípios situados, no todo ou em parte, em sua área de atuação;

IV – dos usuários das águas de sua área de atuação;

V – das entidades civis de recursos hídricos com atuação comprovada na bacia.

§ 1º O número de representantes de cada setor mencionado neste artigo, bem como os critérios para sua indicação, serão estabelecidos nos regimentos dos comitês, limitada a representação dos poderes executivos da União, Estados, Distrito Federal e Municípios à metade do total de membros.

§ 2º Nos Comitês de Bacia Hidrográfica de bacias de rios fronteiriços e transfronteiriços de gestão compartilhada, a representação da União deverá incluir um representante do Ministério das Relações Exteriores.

§ 3º Nos Comitês de Bacia Hidrográfica de bacias cujos territórios abranjam terras indígenas devem ser incluídos representantes:

I – da Fundação Nacional do Índio–FUNAI, como parte da representação da União;

II – das comunidades indígenas ali residentes ou com interesses na bacia.

§ 4º A participação da União nos Comitês de Bacia Hidrográfica com área de atuação restrita a bacias de rios sob domínio estadual, dar-se-á na forma estabelecida nos respectivos regimentos.

Art. 40. Os Comitês de Bacia Hidrográfica serão dirigidos por um Presidente e um Secretário, eleitos dentre seus membros. (Brasil, 1997a)

Ainda ressaltamos o papel da **Secretaria-Executiva do Conselho Nacional de Recursos Hídricos**, exercida pelo órgão integrante da estrutura do Ministério do Desenvolvimento Regional, responsável pela gestão dos recursos hídricos. Por fim, para os efeitos da lei, cumpre mencionarmos a importância das organizações civis de recursos hídricos na tutela das águas.

— 4.6 —
Tributos verdes

Com o aprimoramento da ideia de desenvolvimento sustentável, aliar crescimento econômico à proteção e à preservação ambiental passou a ser o foco de uma nova geração de seres humanos, destinados a proporcionar um ambiente saudável e sustentável capaz de suprir igualmente as necessidades das gerações vindouras. Assim, o ordenamento jurídico deve dispor de normas que protejam o meio ambiente e assegurem o equilíbrio de tais valores.

O ente tributante pode contribuir para a proteção e a preservação da natureza com o desenvolvimento de normas tributárias que estimulem comportamentos preservacionistas por parte dos contribuintes. Como sabemos, a arrecadação dos tributos destina-se, originalmente, ao custeio das despesas estatais – essa é sua função fiscal. Porém, também têm previsão legal os tributos cuja finalidade primária não é fiscal, mas sim parafiscal ou extrafiscal. Por meio destes, é possível proteger o meio ambiente e cumprir o que se convencionou chamar de **função socioambiental da propriedade**.

Logo, o tributo verde colabora na implementação das políticas públicas ambientais, na medida em que suporta o funcionamento da máquina pública. Ainda tem especial relevância na maneira de dirigir comportamentos sustentáveis dos contribuintes. A tributação ambiental figura como um dos instrumentos econômicos viabilizadores da PNMA e se efetiva pela criação de tributos verdes, os quais se destinam diretamente à preservação do meio ambiente, seja em caráter preventivo (incentivando atitudes benéficas à sua conservação e utilizando-se de medidas como a redução da base de cálculo), seja em caráter repressivo (coibindo as atitudes lesivas com a imposição de sobrecarga tributária).

Por outro lado, pode haver a aplicação de recursos tributários de maneira indireta, a exemplo da arrecadação realizada nas atividades de importação ou comercialização de petróleo e seus derivados, gás natural e seus derivados e álcool combustível, situações em que parte dos recursos destinam-se aos projetos ambientais ligados à indústria do petróleo e do gás.

O tributo verde apresenta alta carga extrafiscal, e um dos riscos de sua aplicação prática é a atenção que o operador do direito deve ter de não transmudar sua finalidade em ato com natureza de sanção. Isso porque o conceito de tributo, segundo o art. 3º do Código Tributário Nacional (CTN), de 25 de outubro de 1966, não se confunde com o de multa, que é a sanção aplicada na ocorrência de atos ilícitos.

Por certo, uma parte da doutrina levanta, com fundamento, a crítica de que tais tributos podem inviabilizar o desenvolvimento da atividade econômica pelos pequeno e médio empresários. A alegação está no fato de estes serem agentes econômicos menos favorecidos, mas que, proporcionalmente, acabam poluindo mais. Consequentemente, pagam mais tributos justamente por não terem acesso às novas e, muitas vezes, dispendiosas tecnologias verdes.

Acerca dos limites de formatação da tributação ambiental, convém destacar que, na visão de alguns autores, somente a União pode, por meio de sua competência residual, instituir alguma espécie de imposto verde ou ecológico, por força do art. 154, inciso I, da Constituição Federal.

— 4.6.1 —
Espécies de tributos verdes

A finalidade parafiscal se apresenta nas hipóteses em que a lei confere a titularidade dos tributos a pessoas diversas do Estado, as quais os arrecadam em benefício das próprias finalidades.

Taxa de Controle e Fiscalização Ambiental (TCFA)
No contexto ambiental, podemos citar como tributo de finalidade parafiscal a Taxa de Controle e Fiscalização Ambiental (TCFA), instituída pela Lei n. 10.165, de 27 de dezembro de 2000, que agregou o art. 17-B na PNMA, que passou a ter a seguinte redação:

> Art. 17-B. Fica instituída a Taxa de Controle e Fiscalização Ambiental – TCFA, cujo fato gerador é o exercício regular do poder de polícia conferido ao Instituto Brasileiro do Meio Ambiente e dos Recursos Naturais Renováveis – Ibama para controle e fiscalização das atividades potencialmente poluidoras e utilizadoras de recursos naturais. (Brasil, 2000c)

As **contribuições parafiscais**, em sua maioria, têm por sujeito ativo a própria União, não se enquadrando na tradicional definição de parafiscalidade, porque não existe a condição de sujeito ativo para o beneficiário. A parafiscalidade se caracteriza pelo destino do produto da arrecadação à pessoa diversa da competente para a criação do tributo.

Já a **função extrafiscal** consiste no emprego de instrumentos tributários para o alcance de finalidades não arrecadatórias, de modo que a arrecadação se torna meio de fomento e/ou inibição de comportamentos.

A **tributação fiscal**, por sua vez, visa à arrecadação de recursos financeiros para prover o custeio dos serviços públicos. A **tributação extrafiscal** é orientada para outros fins, tais como a defesa da economia nacional, a redistribuição da renda e da terra e a orientação dos investimentos para setores produtivos ou mais adequados ao interesse público.

Os **mecanismos extrafiscais** são relevantes e legítimos de serem utilizados quando o objetivo buscado é a promoção de direitos fundamentais. No caso da extrafiscalidade manejada em favor da proteção ambiental, há uma flagrante necessidade de compatibilizar o desenvolvimento econômico nacional com o dever fundamental de proteção do meio ambiente e da justiça socioambiental, como previsto no art. 170, inciso VI, da Constituição Federal.

Imposto sobre a Propriedade Territorial Urbana (IPTU)

O Imposto sobre a Propriedade Territorial Urbana (IPTU), embora seja essencialmente de caráter fiscal, tem alíquotas

> progressivas variáveis de acordo com a localização e o uso do imóvel, visando à observância da função social da propriedade urbana. Por isso, carrega subsidiariamente a função extrafiscal.

O Estatuto da Cidade (Lei n. 10.257, de 10 de julho de 2001) prevê, em seu art. 7º, que cabe a aplicação da progressividade na alíquota do IPTU nos casos em que o proprietário do imóvel não venha a atender à função socioambiental do imóvel. Nesses termos, diz a lei:

> Art. 7º Em caso de descumprimento das condições e dos prazos previstos na forma do caput do art. 5º desta Lei, ou não sendo cumpridas as etapas previstas no § 5º do art. 5º desta Lei, o Município procederá à aplicação do imposto sobre a propriedade predial e territorial urbana (IPTU) progressivo no tempo, mediante a majoração da alíquota pelo prazo de cinco anos consecutivos.
>
> § 1º O valor da alíquota a ser aplicado a cada ano será fixado na lei específica a que se refere o caput do art. 5º desta Lei e não excederá a duas vezes o valor referente ao ano anterior, respeitada a alíquota máxima de quinze por cento.
>
> § 2º Caso a obrigação de parcelar, edificar ou utilizar não esteja atendida em cinco anos, o Município manterá a cobrança pela alíquota máxima, até que se cumpra a referida obrigação, garantida a prerrogativa prevista no art. 8º.
>
> § 3º É vedada a concessão de isenções ou de anistia relativas à tributação progressiva de que trata este artigo. (Brasil, 2001a)

Diante disso, é possível falar em **atendimento à função socioambiental** da propriedade. Com base nesse conceito, há o reconhecimento e a proteção constitucional do direito dos proprietários, desde que esteja em sintonia com os interesses da coletividade e a proteção do meio ambiente. Não há margem para que um imóvel privado, valendo-se do argumento de carregar dupla natureza (de direito fundamental e de elemento da ordem econômica), prepondere, de maneira prejudicial, sobre os interesses socioambientais.

— 4.7 —
Proteção do meio ambiente cultural

Inicialmente, cabe tecermos algumas considerações acerca da relação existente entre os recursos naturais e a cultura. Sabemos que a natureza é composta por inúmeros elementos (bióticos e abióticos), nem todos utilizados diretamente pelo homem. Desses elementos, os recursos naturais são, portanto, aqueles a que os seres humanos atribuem determinado valor ou conferem certa utilidade.

Já *cultura* é um termo com várias acepções, em diferentes níveis de profundidade e com diversas especificidades. Adiante, veremos os institutos de proteção do meio ambiente cultural nos âmbitos internacional e nacional.

— 4.7.1 —
Proteção internacional do meio ambiente cultural

O patrimônio cultural é o conjunto de bens, materiais ou imateriais, que traduz a história, a formação e a cultura de um povo, de uma comunidade ou de um país. Engloba obras, objetos, documentos, edificações e outros espaços destinados às manifestações artístico-culturais, até bens de natureza imaterial, porquanto sejam portadores de referência à identidade, à ação e à memória do povo, incluindo sítios urbanos e de valor histórico e os bens integrantes do patrimônio paisagístico, arqueológico, paleontológico, ecológico, tecnológico, artístico e científico.

Existe um vínculo estreito entre patrimônio cultural e identidade cultural. Tratar do primeiro demanda mencionar seus valores, e sua conservação ou sua degradação são relevantes para a história e os valores culturais de uma sociedade. A construção da memória está diretamente relacionada ao sentimento de identidade, o qual não está imune às transformações sociais. Por isso, a construção e a preservação da memória coletiva visam reforçar o sentimento de pertencimento e promover a defesa das fronteiras daquilo que determinado grupo social tem em comum (Leuzinguer, 2008).

Ao abordar as fontes do direito internacional ambiental, considera-se relevante mencionar a **Convenção para a Proteção do Patrimônio Mundial, Cultural e Natural**, de 1972. A alusão a esse tratado tem o objetivo de elucidar uma relação dialética entre o direito humano ao meio ambiente e a cultura, partindo da premissa de que aquele conforma e é conformado por esta (Derani, 1997).

Muitas relações humanas – sociais, técnicas, econômicas, políticas – são mediadas pela interação com o meio ambiente, na qual adquirem suas estruturas, seus contornos e suas funções. O meio ambiente, por sua vez, não abrange apenas as formas de vida, os ecossistemas, as paisagens não alteradas pela ação humana; entendido em toda a sua plenitude, o meio ambiente deve compreender a cultura.

Portanto, toda formação cultural é inseparável da natureza, com base na qual se desenvolve. No âmbito da proteção internacional, o que une meio ambiente e cultura é a luta pela diversidade. Para tanto, sua proteção é garantida por intermédio da Organização das Nações Unidas para a Educação, a Ciência e a Cultura (Unesco).

A sigla Unesco vem do termo em inglês *United Nation Educational, Scientific and Cultural Organization*.

No intuito de congregar a proteção internacional do meio ambiente e da cultura, a Unesco inovou ao estabelecer, no início dos anos 1970, com a emergência do direito internacional ambiental, a proteção do **patrimônio mundial** (*world heritage*) ou **patrimônio da humanidade**. Tendo em vista seu excepcional valor cultural e/ou natural para toda a humanidade, as regiões conceituadas como patrimônio mundial merecem uma proteção ampla, que transcende as fronteiras físicas ou políticas do Estado em que se encontram.

Com fulcro nessa premissa, aliada à ideia de tratar a natureza e a cultura de forma conjugada, é que a Convenção para a Proteção do Patrimônio Mundial, Cultural e Natural foi adotada pela Unesco em 1972. Atualmente, esse tratado conta com a subscrição de 184 países. Sua originalidade está no fato de proteger a natureza à luz de sua significância humana e cultural. Consequentemente, os locais e os sítios protegidos são chamados de *belezas naturais*.

Posteriormente, outros tratados da Unesco deram especial atenção à proteção da cultura, tais como:

- Declaração Universal sobre a Diversidade Cultural (2001);
- Declaração para Salvaguarda do Patrimônio Cultural Imaterial (2003);
- Convenção para Proteção e Promoção da Diversidade das Expressões Culturais (2005).

Voltando ao tratado de 1972, cumpre enfatizar que, com a ideia inovadora de uma responsabilidade comum da comunidade internacional relativamente aos espaços de valor cultural e natural excepcional no mundo, ele contribuiu com a criação de um reconhecimento além-fronteiras dos valores culturais universais. Nos termos de seu art. 1º, considera como **patrimônio**

cultural as obras monumentais de arquitetura, escultura ou pintura, os elementos ou estruturas de natureza arqueológica, os conjuntos arquitetônicos ou paisagísticos de valor universal excepcional e os lugares notáveis. Já por **patrimônio natural**, nos termos do seu art. 2º, entendem-se os monumentos naturais de valor universal do ponto de vista estético ou científico, as áreas que constituam o *habitat* de espécies animais ou vegetais ameaçadas ou que tenham valor excepcional do ponto de vista da ciência ou da conservação e os lugares notáveis, cuja conservação seja necessária para a preservação da beleza natural.

Para garantir que a lista do patrimônio mundial reflita a diversidade dos mais variados espaços culturais e naturais do mundo, em 1994 foi aprovada a estratégia global para uma lista representativa do patrimônio mundial, que ainda hoje propicia a inscrição de espaços de relevante interesse cultural ou natural. A gestão e a preservação desses espaços são permanentes, exercidas local e internacionalmente.

No Brasil, a Unesco declarou diversas localidades como patrimônio da humanidade, a exemplo do Parque Nacional do Iguaçu, em 1986. Fora do estado do Paraná, outros tantos locais relevantes receberam o título, como o Plano Piloto de Brasília (1987), a Área de Conservação do Pantanal (2000) e Paraty e Ilha Grande (2019).

Para consultar a relação completa de monumentos, traços culturais e localidades que receberam o título de patrimônio histórico, acesse a base de dados da Unesco nos seguintes endereços eletrônicos:

- <https://pt.unesco.org/fieldoffice/brasilia/expertise/natural-world-heritage>
- <https://pt.unesco.org/fieldoffice/brasilia/expertise/world-heritage-brazil>

A inclusão de bens na lista do patrimônio mundial não configura o tombamento, pois não há transferência de competências internas para a Unesco. Os Estados continuam soberanos para decidir quais bens devem ser preservados; inclusive o dossiê de candidatura de um bem é de responsabilidade do país onde está localizado. As vantagens da inclusão na lista do patrimônio mundial são: promoção do bem como interesse turístico, obtenção de recursos financeiros e proteção das pressões para sua deterioração.

Como patrimônio comum da humanidade, o meio ambiente pode ser compreendido de três formas segundo a convenção de 1972:

Artigo 2º

Para fins da presente Convenção serão considerados como patrimônio natural:

Os monumentos naturais constituídos por formações físicas e biológicas ou por grupos de tais formações com valor universal excepcional do ponto de vista estético ou científico

As formações geológicas e fisiográficas e as zonas estritamente delimitadas que constituem *habitat* de espécies animais e vegetais ameaçadas, com valor universal excepcional do ponto de vista da ciência ou da conservação

Os locais de interesse natural ou zonas naturais estritamente delimitadas, com valor universal excepcional do ponto de vista da ciência, conservação ou beleza natural. (Unesco, 1972)

Ainda de acordo com a convenção, a fim de assegurar a proteção e a conservação eficazes e de valorizar de forma ativa o patrimônio cultural e natural situado em seu território e em condições adequadas a cada país, cada Estado-parte se compromete em:

Art. 5º [...]

a) Adotar uma política geral com vistas a atribuir uma função ao patrimônio cultural e natural na vida coletiva e integrar sua proteção nos programas de planejamento;

b) Instituir no seu território, caso não existam, um ou vários órgãos de proteção, conservação ou valorização do patrimônio cultural e natural, dotados de pessoal capacitado e que disponha de meios que lhes permitam desempenhar suas atribuições;

c) Desenvolver estudos, pesquisas científicas e técnicas e aperfeiçoar os métodos de intervenção que permitam ao Estado enfrentar os perigos que ameaçam seu patrimônio cultural ou natural;

d) Tomar medidas jurídicas, científicas, técnicas, administrativas e financeiras cabíveis para identificar, proteger, conservar, valorizar e reabilitar o patrimônio;

e) Fomentar a criação ou o desenvolvimento de centros nacionais ou regionais de formação em matéria de proteção, conservação ou valorização do patrimônio cultural e natural e estimular a pesquisa científica nesse campo. (Unesco, 1972)

Portanto, podemos afirmar que esse tratado reconheceu que o homem é integrante do meio ambiente, devendo seu modo de vida, seus elementos culturais e a estrutura de seu entorno ser tuteladas de maneira especial. Atualmente, tal consciência encontra-se reforçada com os conceitos da necessária proteção da diversidade biológica, e o meio cultural é o traço mais evidente do homem, condição essencial para sua vida e existência.

— 4.7.2 —
Proteção nacional do meio ambiente cultural

A proteção ao meio ambiente cultural encontra previsão constitucional em três artigos. O primeiro é o art. 215, que estabelece o direito de acesso à cultura a todos:

> Art. 215. O Estado garantirá a todos o pleno exercício dos direitos culturais e acesso às fontes da cultura nacional, e apoiará e incentivará a valorização e a difusão das manifestações culturais. [...] (Brasil, 1988)

O segundo, o art. 216, define quais são os bens culturais materiais e imateriais do Brasil que merecem especial proteção como patrimônio cultural:

> Art. 216. Constituem patrimônio cultural brasileiro os bens de natureza material e imaterial, tomados individualmente ou em conjunto, portadores de referência à identidade, à ação, à memória dos diferentes grupos formadores da sociedade brasileira, nos quais se incluem:
>
> I – as formas de expressão;
>
> II – os modos de criar, fazer e viver;
>
> III – as criações científicas, artísticas e tecnológicas;
>
> IV – as obras, objetos, documentos, edificações e demais espaços destinados às manifestações artístico-culturais;

V – os conjuntos urbanos e sítios de valor histórico, paisagístico, artístico, arqueológico, paleontológico, ecológico e científico.

§ 1º O Poder Público, com a colaboração da comunidade, promoverá e protegerá o patrimônio cultural brasileiro, por meio de inventários, registros, vigilância, tombamento e desapropriação, e de outras formas de acautelamento e preservação. [...] (Brasil, 1988)

Por fim, em 2012 foi acrescentado o terceiro artigo que faz essa previsão constitucional, 216-A, o qual determina que a participação popular é extremamente importante para a proteção do meio ambiente cultural:

Art. 216-A. O Sistema Nacional de Cultura, organizado em regime de colaboração, de forma descentralizada e participativa, institui um processo de gestão e promoção conjunta de políticas públicas de cultura, democráticas e permanentes, pactuadas entre os entes da Federação e a sociedade, tendo por objetivo promover o desenvolvimento humano, social e econômico com pleno exercício dos direitos culturais.

§ 1º O Sistema Nacional de Cultura fundamenta-se na política nacional de cultura e nas suas diretrizes, estabelecidas no Plano Nacional de Cultura, e rege-se pelos seguintes princípios:

I – diversidade das expressões culturais;

II – universalização do acesso aos bens e serviços culturais;

III – fomento à produção, difusão e circulação de conhecimento e bens culturais;

IV – cooperação entre os entes federados, os agentes públicos e privados atuantes na área cultural;

V – integração e interação na execução das políticas, programas, projetos e ações desenvolvidas;

VI – complementaridade nos papéis dos agentes culturais;

VII – transversalidade das políticas culturais;

VIII – autonomia dos entes federados e das instituições da sociedade civil;

IX – transparência e compartilhamento das informações;

X – democratização dos processos decisórios com participação e controle social;

XI – descentralização articulada e pactuada da gestão, dos recursos e das ações;

XII – ampliação progressiva dos recursos contidos nos orçamentos públicos para a cultura.

§ 2º Constitui a estrutura do Sistema Nacional de Cultura, nas respectivas esferas da Federação:

I – órgãos gestores da cultura;

II – conselhos de política cultural;

III – conferências de cultura;

IV – comissões intergestores;

V – planos de cultura;

VI – sistemas de financiamento à cultura;

VII – sistemas de informações e indicadores culturais;

VIII – programas de formação na área da cultura; e

IX – sistemas setoriais de cultura.

§ 3º Lei federal disporá sobre a regulamentação do Sistema Nacional de Cultura, bem como de sua articulação com os demais sistemas nacionais ou políticas setoriais de governo.

§ 4º Os Estados, o Distrito Federal e os Municípios organizarão seus respectivos sistemas de cultura em leis próprias. (Brasil, 1988)

Para a proteção ao meio ambiente ser efetivada, o Estado aplica o ato de tombamento.

O **tombamento** é uma forma de intervenção do Estado na propriedade e tem como finalidade a preservação desse bem, motivada por suas características históricas, artísticas, paisagísticas, culturais e estéticas. Constitui-se, portanto, uma medida de preservação do patrimônio histórico e urbanístico (mas não a única).

Desse modo, podem ser objetos de tombamento: obras de arte, acervos de museus, espaços públicos, casas, atos e ritos de uma cultura, ritmos musicais, sítios de valor histórico, artístico, arqueológico, paleontológico, ecológico, científico e até mesmo cidades inteiras, como a cidade de Ouro Preto (MG).

Logo, podemos afirmar que foi superada a noção de que patrimônio histórico é sempre algo monumental. Os valores trazidos pela Constituição Federal para esse tipo de proteção não mais se transparecem na monumentalidade e na excepcionalidade estética, mas sim na memória, nas representações de um processo de construção social, nas formas de expressão e nos modos de criar, fazer e viver, além, claro, dos demais bens já citados.

Procedimento de tombamento

O tombamento de um bem ocorre quando ele é registrado em seu respectivo Livro do Tombo. Para chegar a esse registro, é necessária a instauração de um processo administrativo, que, em regra, é conduzido por um órgão técnico responsável pela gestão do patrimônio histórico em cada ente federado. Cabe ao Poder Executivo concluir pelo tombamento ou não do bem.

De acordo com o Decreto-Lei n. 25, de 30 de novembro de 1937, há quatro tipos de livro do tombo:

> Art. 4º O Serviço do Patrimônio Histórico e Artístico Nacional possuirá quatro Livros do Tombo, nos quais serão inscritas as obras a que se refere o art. 1º desta lei, a saber:
>
> 1) no Livro do Tombo Arqueológico, Etnográfico e Paisagístico, as coisas pertencentes às categorias de arte arqueológica, etnográfica, ameríndia e popular, e bem assim as mencionadas no § 2º do citado art. 1º.
>
> 2) no Livro do Tombo Histórico, as coisas de interesse histórico e as obras de arte histórica;
>
> 3) no Livro do Tombo das Belas Artes, as coisas de arte erudita, nacional ou estrangeira;
>
> 4) no Livro do Tombo das Artes Aplicadas, as obras que se incluírem na categoria das artes aplicadas, nacionais ou estrangeiras.

§ 1º Cada um dos Livros do Tombo poderá ter vários volumes.

§ 2º Os bens, que se incluem nas categorias enumeradas nas alíneas 1, 2, 3 e 4 do presente artigo, serão definidos e especificados no regulamento que for expedido para execução da presente lei. (Brasil, 1937)

Uma vez constatada a necessidade de proteção de determinado bem por suas características históricas ou culturais, o órgão responsável pelo tombamento deve notificar o proprietário do bem, e, desde já, o objeto reveste-se de proteção legal, não podendo haver sua destruição ou descaracterização até a conclusão do processo. É o que se chama de **tombamento provisório**.

Quando se tratar de bem público, o tombamento se efetiva de ofício, ou seja, constatada a necessidade de proteção do bem, ele é de logo inscrito no **Livro do Tombo** e, posteriormente, comunicado ao ente público ao qual pertence. Assim é a previsão do referido diploma legal:

> Art. 5º O tombamento dos bens pertencentes à União, aos Estados e aos Municípios se fará de ofício, por ordem do diretor do Serviço do Patrimônio Histórico e Artístico Nacional, mas deverá ser notificado à entidade a quem pertencer, ou sob cuja guarda estiver a coisa tombada, a fim de produzir os necessários efeitos. (Brasil, 1937)

Há também os casos em que o proprietário do bem, de forma voluntária, requer o tombamento, o qual é procedido após a devida constatação por parte do órgão gestor do patrimônio histórico. De maneira semelhante, quando o proprietário de um bem não se manifesta contrário ao procedimento de tombamento requerido pelo Poder Público, o registro passa no Livro do Tombo, conforme o art. 6º do referido decreto-lei: "O tombamento de coisa pertencente à pessoa natural ou à pessoa jurídica de direito privado se fará voluntária ou compulsoriamente" (Brasil, 1937).

Os arts. 19 e 20 do mesmo decreto-lei dão ao Serviço do Patrimônio Histórico e Artístico Nacional a competência para fiscalizar os bens tombados. Posteriormente, o Decreto n. 66.967, de 27 de julho de 1970, mudou o nome da instituição para **Instituto do Patrimônio Histórico e Artístico Nacional (Iphan)**, uma autarquia vinculada ao Ministério da Educação e Cultura.

Considerações finais

Ao encerrar esta obra, esperamos ter apresentado os subsídios necessários para a compreensão das questões sobre a proteção e a preservação do meio ambiente.

Vimos que o conteúdo de cunho preservacionista certamente esbarra em uma série de fatores de ordem prática, como a busca das grandes empresas pelo desenvolvimento e por lucros exponencialmente elevados, independentemente da proteção dos recursos naturais; a exploração dos elementos naturais praticados por essas empresas, que depredam não só a biodiversidade mas também a cultura e os meios de subsistência de muitas comunidades em diversos países (principalmente nos países em desenvolvimento); a propagação do consumismo, que, nos últimos tempos, extrapolou a concepção de consumir para a ideia de consumir até a escassez; a dificuldade de colocar em prática as políticas públicas em matéria ambiental, ora por desconhecimento e falta de participação popular, ora por interesses escusos daqueles que estão no poder.

Nossa intenção foi colaborar com o debate sobre a necessidade de se proteger e de se preservar o meio ambiente, atitudes que são de vital importância para a existência de vida humana na Terra nas gerações futuras. Essa afirmação parte da análise de que o planeta é composto de uma infinita multiplicidade de elementos funcionalmente interdependentes e em constante processo de ajuste e readaptação. Nesse espaço, o contato do homem com o ambiente é constante.

Referências

ANTUNES, P. de B. **Direito ambiental**. 20. ed. São Paulo: Atlas, 2019.

BECK, U. **La Sociedad del Riesgo Global**. Madrid: Siglo Veintiuno de España Editores, 2002.

BRASIL. Agência Nacional de Águas e Saneamento Básico. **Sistema Nacional de Informações sobre Recursos Hídricos**. Disponível em: <https://www.gov.br/ana/pt-br/assuntos/gestao-das-aguas/politica-nacional-de-recursos-hidricos/sistema-de-informacoes-sobre-recursos-hidricos>. Acesso em: 23 ago. 2021a.

BRASIL. Constituição (1988). **Diário Oficial da União**, Brasília, DF, 5 out. 1988. Disponível em: <http://www.planalto.gov.br/ccivil_03/constituicao/constituicao.htm>. Acesso em: 23 ago. 2021.

BRASIL. Decreto n. 8.127, de 22 de outubro de 2013. Institui o Plano Nacional de Contingência para Incidentes de Poluição por Óleo em Águas sob Jurisdição Nacional, altera o Decreto n. 4.871, de 6 de novembro de 2003, e o Decreto n. 4.136, de 20 de fevereiro de 2002, e dá outras providências. **Diário Oficial da União**, Brasília, DF, 23 out. 2013. Disponível em: <http://www.planalto.gov.br/ccivil_03/_ato2011-2014/2013/decreto/d8127.htm>. Acesso em: 23 ago. 2021.

BRASIL. Decreto n. 66.967, de 27 de julho de 1970. Dispõe sobre a organização administrativa do Ministério da Educação e Cultura. **Diário Oficial da União**, Brasília, DF, 3 ago. 1970. Disponível em: <https://www2.camara.leg.br/legin/fed/decret/1970-1979/decreto-66967-27-julho-1970-408779-publicacaooriginal-1-pe.html>. Acesso em: 23 ago. 2021.

BRASIL. Decreto n. 99.274, de 6 de junho de 1990. Regulamenta a Lei n. 6.902, de 27 de abril de 1981, e a Lei n. 6.938, de 31 de agosto de 1981, que dispõem, respectivamente, sobre a criação de Estações Ecológicas e Áreas de Proteção Ambiental e sobre a Política Nacional do Meio Ambiente, e dá outras providências. **Diário Oficial da União**, Brasília, DF, 7 jun. 1990a. Disponível em: <http://www.planalto.gov.br/ccivil_03/decreto/antigos/d99274.htm>. Acesso em: 23 ago. 2021.

BRASIL. Decreto-Lei n. 25, de 30 de novembro de 1937. Organiza a proteção do patrimônio histórico e artístico nacional. **Diário Oficial da União**, Brasília, DF, 6 dez. 1937. Disponível em: <http://www.planalto.gov.br/ccivil_03/decreto-lei/del0025.htm>. Acesso em: 23 ago. 2021.

BRASIL. Decreto-Lei n. 3.689, de 3 de outubro de 1941. Código de Processo Penal. **Diário Oficial da União**, Brasília, DF, 13 out. 1941. Disponível em: <http://www.planalto.gov.br/ccivil_03/decreto-lei/del3689.htm>. Acesso em: 23 ago. 2021.

BRASIL. Decreto-Lei n. 221, de 28 de fevereiro de 1967. Código de Pesca. **Diário Oficial da União**, Brasília, DF, 28 fev. 1967a. Disponível em: <https://www2.camara.leg.br/legin/fed/declei/1960-1969/decreto-lei-221-28-fevereiro-1967-375913-norma-pe.html>. Acesso em: 23 ago. 2021.

BRASIL. Decreto-Lei n. 227, de 28 de fevereiro de 1967. Dá nova redação ao Decreto-Lei n. 1.985, de 29 de janeiro de 1940 (Código de Minas). **Diário Oficial da União**, Brasília, DF, 28 fev. 1967b. Disponível em: <http://www.planalto.gov.br/ccivil_03/decreto-lei/del0227.htm>. Acesso em: 23 ago. 2021.

BRASIL. Emenda Constitucional n. 1, de 17 de outubro de 1969. Edita o novo texto da Constituição Federal de 24 de janeiro de 1967. **Diário Oficial da União**, Brasília, DF, 20 out. 1969. Disponível em: <http://www.planalto.gov.br/ccivil_03/constituicao/emendas/emc_anterior1988/emc01-69.htm>. Acesso em: 23 ago. 2021.

BRASIL. Instituto Chico Mendes de Conservação da Biodiversidade. **O Instituto**. Disponível em: <https://www.gov.br/icmbio/pt-br/acesso-a-informacao/institucional/o-instituto>. Acesso em: 23 ago. 2021b.

BRASIL. Lei Complementar n. 140, de 8 de dezembro de 2011. Fixa normas, nos termos dos incisos III, VI e VII do caput e do parágrafo único do art. 23 da Constituição Federal, para a cooperação entre a União, os Estados, o Distrito Federal e os Municípios nas ações administrativas decorrentes do exercício da competência comum relativas à proteção das paisagens naturais notáveis, à proteção do meio ambiente, ao combate à poluição em qualquer de suas formas e à preservação das florestas, da fauna e da flora; e altera a Lei n. 6.938, de 31 de agosto de 1981. **Diário Oficial da União**, Brasília, DF, 9 dez. 2011. Disponível em: <http://www.planalto.gov.br/ccivil_03/leis/lcp/lcp140.htm>. Acesso em: 23 ago. 2021.

BRASIL. Lei n. 4.717, de 29 de junho de 1965. Regula a ação popular. **Diário Oficial da União**, Brasília, DF, 5 jul. 1965a. Disponível em: <http://www.planalto.gov.br/ccivil_03/leis/l4717.htm>. Acesso em: 23 ago. 2021.

BRASIL. Lei n. 4.771, de 15 de setembro de 1965. Institui o novo Código Floresta. **Diário Oficial da União**, Brasília, DF, 16 set. 1965b. Disponível em: <http://www.planalto.gov.br/ccivil_03/leis/l4771.htm>. Acesso em: 23 ago. 2021.

BRASIL. Lei n. 5.172, de 25 de outubro de 1966. Dispõe sobre o Sistema Tributário Nacional e institui normas gerais de direito tributário aplicáveis à União, Estados e Municípios. **Diário Oficial da União**, Brasília, DF, 27 out. 1966. Disponível em: <http://www.planalto.gov.br/ccivil_03/leis/l5172compilado.htm>. Acesso em: 23 ago. 2021.

BRASIL. Lei n. 5.197, de 3 de janeiro de 1967. Dispõe sobre a proteção à fauna e dá outras providências. **Diário Oficial da União**, Brasília, DF, 5 jan. 1967c. Disponível em: <http://www.planalto.gov.br/ccivil_03/leis/l5197.htm>. Acesso em: 23 ago. 2021.

BRASIL. Lei n. 6.453, de 17 de outubro de 1977. Dispõe sobre a responsabilidade civil por danos nucleares e a responsabilidade criminal por atos relacionados com atividades nucleares e dá outras providências. **Diário Oficial da União**, Brasília, DF, 18 out. 1977. Disponível em: <http://www.planalto.gov.br/ccivil_03/leis/L6453.htm>. Acesso em: 23 ago. 2021.

BRASIL. Lei n. 6.803, de 2 de julho de 1980. Dispõe sobre as diretrizes básicas para o zoneamento industrial nas áreas críticas de poluição, e dá outras providências. **Diário Oficial da União**, Brasília, DF, 3 jul. 1980. Disponível em: <http://www.planalto.gov.br/ccivil_03/leis/l6803.htm>. Acesso em: 23 ago. 2021.

BRASIL. Lei n. 6.938, de 31 de agosto de 1981. Dispõe sobre a Política Nacional do Meio Ambiente, seus fins e mecanismos de formulação e aplicação, e dá outras providências. **Diário Oficial da União**, Brasília, DF, 2 set. 1981. Disponível em: <http://www.planalto.gov.br/ccivil_03/Leis/L6938compilada.htm>. Acesso em: 23 ago. 2021.

BRASIL. Lei n. 7.210, de 11 de julho de 1984. Institui a Lei de Execução Penal. **Diário Oficial da União**, Brasília, DF, 13 jul. 1984. Disponível em: <http://www.planalto.gov.br/ccivil_03/leis/l7210.htm>. Acesso em: 23 ago. 2021.

BRASIL. Lei n. 7.347, de 24 de julho de 1985. Disciplina a ação civil pública de responsabilidade por danos causados ao meio-ambiente, ao consumidor, a bens e direitos de valor artístico, estético, histórico, turístico e paisagístico (VETADO) e dá outras providências. **Diário Oficial da União**, Brasília, DF, 25 jul. 1985. Disponível em: <http://www.planalto.gov.br/ccivil_03/leis/l7347orig.htm>. Acesso em: 23 ago. 2021.

BRASIL. Lei n. 7.802, de 11 de julho de 1989. Dispõe sobre a pesquisa, a experimentação, a produção, a embalagem e rotulagem, o transporte, o armazenamento, a comercialização, a propaganda comercial, a utilização, a importação, a exportação, o destino final dos resíduos e embalagens, o registro, a classificação, o controle, a inspeção e a fiscalização de agrotóxicos, seus componentes e afins, e dá outras providências. **Diário Oficial da União**, Brasília, 12 jul. 1989a. Disponível em: <http://www.planalto.gov.br/ccivil_03/leis/l7802.htm>. Acesso em: 23 ago. 2021.

BRASIL. Lei n. 8.078, de 11 de setembro de 1990. Dispõe sobre a proteção do consumidor e dá outras providências. **Diário Oficial da União**, Brasília, DF, 12 set. 1990b. Disponível em: <http://www.planalto.gov.br/ccivil_03/leis/l8078compilado.htm>. Acesso em: 23 ago. 2021.

BRASIL. Lei n. 9.099, de 26 de setembro de 1995. Dispõe sobre os Juizados Especiais Cíveis e Criminais e dá outras providências. **Diário Oficial da União**, Brasília, DF, 27 set. 1995. Disponível em: <http://

www.planalto.gov.br/ccivil_03/leis/l9099.htm>. Acesso em: 23 ago. 2021.

BRASIL. Lei n. 9.433, de 8 de janeiro de 1997. Institui a Política Nacional de Recursos Hídricos, cria o Sistema Nacional de Gerenciamento de Recursos Hídricos, regulamenta o inciso XIX do art. 21 da Constituição Federal, e altera o art. 1º da Lei n. 8.001, de 13 de março de 1990, que modificou a Lei n. 7.990, de 28 de dezembro de 1989. **Diário Oficial da União**, Brasília, DF, 9 jan. 1997a. Disponível em: <http://www.planalto.gov.br/ccivil_03/leis/l9433.htm>. Acesso em: 23 ago. 2021.

BRASIL. Lei n. 9.433, de 8 de janeiro de 1997. Mensagem de veto n. 26, de 8 de janeiro de 1997. **Diário Oficial da União**, Brasília, DF, 9 jan. 1997b. Disponível em: <https://www2.camara.leg.br/legin/fed/lei/1997/lei-9433-8-janeiro-1997-374778-veto-19884-pl.html>. Acesso em: 23 ago. 2021.

BRASIL. Lei n. 9.605, de 12 de fevereiro de 1998. Dispõe sobre as sanções penais e administrativas derivadas de condutas e atividades lesivas ao meio ambiente, e dá outras providências. **Diário Oficial União**, Brasília, DF, 13 fev. 1998. Disponível em: <http://www.planalto.gov.br/ccivil_03/leis/L9605.htm>. Acesso em: 23 ago. 2020.

BRASIL. Lei n. 9.790, de 23 de março de 1999. Dispõe sobre a qualificação de pessoas jurídicas de direito privado, sem fins lucrativos, como Organizações da Sociedade Civil de Interesse Público, institui e disciplina o Termo de Parceria, e dá outras providências. **Diário Oficial da União**, Brasília, DF, 24 mar. 1999. Disponível em: <http://www.planalto.gov.br/ccivil_03/leis/l9790.htm>. Acesso em: 23 ago. 2021.

BRASIL. Lei n. 9.984, de 17 de julho de 2000. Dispõe sobre a criação da Agência Nacional de Águas e Saneamento Básico (ANA), entidade federal de implementação da Política Nacional de Recursos Hídricos, integrante do Sistema Nacional de Gerenciamento de Recursos Hídricos (Singreh) e responsável pela instituição de normas de referência para a regulação dos serviços públicos de saneamento básico. (Redação dada pela Lei n. 14.026, de 2020). **Diário Oficial da União**, Brasília, DF, 18 jul. 2000a. Disponível em: <http://www.planalto.gov.br/ccivil_03/leis/l9984.htm>. Acesso em: 23 ago. 2021.

BRASIL. Lei n. 9.985, de 18 de julho de 2000. Regulamenta o art. 225, § 1º, incisos I, II, III e VII da Constituição Federal, institui o Sistema Nacional de Unidades de Conservação da Natureza e dá outras providências. **Diário Oficial da União**, Brasília, DF, 19 jul. 2000b. Disponível em: <http://www.planalto.gov.br/ccivil_03/leis/l9985.htm>. Acesso em: 23 ago. 2021.

BRASIL. Lei n. 10.165, de 27 de dezembro de 2000. Altera a Lei n. 6.938, de 31 de agosto de 1981, que dispõe sobre a Política Nacional do Meio Ambiente, seus fins e mecanismos de formulação e aplicação, e dá outras providências. **Diário Oficial da União**, Brasília, DF, 28 dez. 2000c. Disponível em: <http://www.planalto.gov.br/ccivil_03/leis/l10165.htm>. Acesso em: 23 ago. 2021.

BRASIL. Lei n. 10.257, de 10 de julho de 2001. Regulamenta os arts. 182 e 183 da Constituição Federal, estabelece diretrizes gerais da política urbana e dá outras providências. **Diário Oficial da União**, Brasília, DF, 11 jul. 2001a. Disponível em: <http://www.planalto.gov.br/ccivil_03/leis/leis_2001/l10257.htm>. Acesso em: 11 jun. 2021.

BRASIL. Lei n. 10.259, de 12 de julho de 2001. Dispõe sobre a instituição dos Juizados Especiais Cíveis e Criminais no âmbito da Justiça Federal. **Diário Oficial da União**, Brasília, DF, 13 jul. 2001b. Disponível em: <http://www.planalto.gov.br/ccivil_03/leis/leis_2001/l10259.htm>. Acesso em: 23 ago. 2021.

BRASIL. Lei n. 10.406, de 10 de janeiro de 2002. Institui o Código Civil. **Diário Oficial da União**, Brasília, DF, 11 jan. 2002. Disponível em: <http://

www.planalto.gov.br/ccivil_03/leis/2002/l10406compilada.htm>. Acesso em: 23 ago. 2021.

BRASIL. Lei n. 11.516, de 28 de agosto de 2007. Dispõe sobre a criação do Instituto Chico Mendes de Conservação da Biodiversidade-Instituto Chico Mendes; altera as Leis ns. 7.735, de 22 de fevereiro de 1989, 11.284, de 2 de março de 2006, 9.985, de 18 de julho de 2000, 10.410, de 11 de janeiro de 2002, 11.156, de 29 de julho de 2005, 11.357, de 19 de outubro de 2006, e 7.957, de 20 de dezembro de 1989; revoga dispositivos da Lei n. 8.028, de 12 de abril de 1990, e da Medida Provisória n. 2.216-37, de 31 de agosto de 2001; e dá outras providências. **Diário Oficial da União**, Brasília, DF, 28 ago. 2007. Disponível em: <http://www.planalto.gov.br/ccivil_03/_Ato2007-2010/2007/Lei/L11516.htm>. Acesso em: 23 ago. 2021.

BRASIL. Lei n. 12.651, de 25 de maio de 2012. Dispõe sobre a proteção da vegetação nativa; altera as Leis ns. 6.938, de 31 de agosto de 1981, 9.393, de 19 de dezembro de 1996, e 11.428, de 22 de dezembro de 2006; revoga as Leis ns. 4.771, de 15 de setembro de 1965, e 7.754, de 14 de abril de 1989, e a Medida Provisória n. 2.166-67, de 24 de agosto de 2001; e dá outras providências. **Diário Oficial da União**, Brasília, DF, 28 maio 2012. Disponível em: <http://www.planalto.gov.br/ccivil_03/_Ato2011-2014/2012/Lei/L12651.htm>. Acesso em: 23 ago. 2021.

BRASIL. Lei n. 13.105, de 16 de março de 2015. Código de Processo Civil. **Diário Oficial da União**, Brasília, DF, 17 mar. 2015. Disponível em: <http://www.planalto.gov.br/ccivil_03/_ato2015-2018/2015/lei/l13105.htm>. Acesso em: 23 ago. 2021.

BRASIL. Ministério do Desenvolvimento Regional. Conselho Nacional de Recursos Hídricos. Resolução n. 12, de 19 de julho de 2000. **Diário Oficial da União**, Brasília, DF, 20 jul. 2000d. Disponível em: <https://cnrh.mdr.gov.br/resolucoes/58-resolucao-n-12-de-19-de-julho-de-2000/file>. Acesso em: 23 ago. 2021.

BRASIL. Ministério do Meio Ambiente. **O que é o Conama?** Disponível em: <http://www2.mma.gov.br/port/conama/>. Acesso em: 23 ago. 2021c.

BRASIL. Ministério do Meio Ambiente. Conama. Resolução n. 1, de 23 de janeiro de 1986. **Diário Oficial da União**, Brasília, DF, 17 fev. 1986. Disponível em: <http://www.ima.al.gov.br/wizard/docs/RESOLU%C3%87%C3%83O%20CONAMA%20N%C2%BA001.1986.pdf>. Acesso em: 23 ago. 2021.

BRASIL. Ministério do Meio Ambiente. Conama. Resolução n. 1, de 8 de março de 1990. **Diário Oficial da União**, Brasília, DF, 8 mar. 1990c. Disponível em: <https://www.salegis.com.br/emissao-de-ruido-resolucao-conama-no-01-1990/#:~:text=Ela%20disp%C3%B5e%20que%20a%20emiss%C3%A3o,e%20diretrizes%20estabelecidos%20nesta%20Resolu%C3%A7%C3%A3o.>. Acesso em: 23 ago. 2021.

BRASIL. Ministério do Meio Ambiente. Conama. Resolução n. 5, de 15 de junho de 1989. Dispõe sobre o Programa Nacional de Controle da Poluição do Ar – PRONAR. **Diário Oficial da União**, Brasília, DF, 25 ago. 1989b. Disponível em: <http://www2.mma.gov.br/port/conama/legiabre.cfm?codlegi=81>. Acesso em: 23 ago. 2021.

BRASIL. Ministério do Meio Ambiente. Conama. Resolução n. 237, de 19 de dezembro de 1997c. **Diário Oficial da União**, Brasília, DF, 22 dez. 1997b. Disponível em: <http://www2.mma.gov.br/port/conama/res/res97/res23797.html>. Acesso em: 23 ago. 2021.

BRASIL. Ministério do Meio Ambiente. Conama. Resolução n. 357, de 17 de março de 2005. Dispõe sobre a classificação dos corpos de água e diretrizes ambientais para o seu enquadramento, bem como estabelece as condições e padrões de lançamento de efluentes, e dá outras providências. **Diário Oficial da União**, Brasília, DF, 18 mar. 2005. Disponível em: <http://www2.mma.gov.br/port/conama/legiabre.cfm?codlegi=459>. Acesso em: 23 ago. 2021.

BRASIL. Ministério do Meio Ambiente. Conama. Resolução n. 491, de 19 de novembro de 2018. Dispõe sobre padrões de qualidade do ar. **Diário Oficial da União**, Brasília, DF, 21 nov. 2018. Disponível em: <https://www.in.gov.br/web/guest/materia/-/asset_publisher/Kujrw0TZC2Mb/content/id/51058895/do1-2018-11-21-resolucao-n-491-de-19-de-novembro-de-2018-51058603>. Acesso em: 23 ago. 2021.

BRASIL. Superior Tribunal de Justiça. **Recurso Especial n. 1.071.741**. Informativo n. 388, 24 mar. 2009. Disponível em: <https://processo.stj.jus.br/jurisprudencia/externo/informativo/>. Acesso em: 23 ago. 2021.

BULZICO, B. A. A. **O direito fundamental ao meio ambiente ecologicamente equilibrado**: origens, definições e reflexos na ordem constitucional brasileira. Dissertação (Mestrado em Direitos Fundamentais e Democracia) — Faculdades Integradas do Brasil, Curitiba, 2009. Disponível em: <https://www.unibrasil.com.br/wp-content/uploads/2018/02/mestrado_unibrasil_-Betina-Morim.pdf>. Acesso em: 23 ago. 2021.

BULZICO, B. A. A.; GOMES, E. B. A efetividade dos direitos dos cidadãos na proteção ao meio ambiente: a existência de um direito fundamental. **Revista de Informação Legislativa**, a. 46, n. 181, p. 141-153, 2009. Disponível em: <https://www2.senado.leg.br/bdsf/bitstream/handle/id/194898/000861734.pdf?sequence=3&isAllowed=y>. Acesso em: 23 ago. 2021.

DECLARAÇÃO de Estocolmo. 1972. Disponível em: <http://www.direitoshumanos.usp.br/index.php/Meio-Ambiente/declaracao-de-estocolmo-sobre-o-ambiente-humano.html>. Acesso em: 23 ago. 2021.

DECLARAÇÃO do Rio de Janeiro. 1992. **Estudos Avançados**, v. 6, n. 15, ago. 1992. Disponível em: <https://www.scielo.br/j/ea/a/szzGBPjxPqnTsHsnMSxFWPL/?lang=pt>. Acesso em: 23 ago. 2021.

DERANI, C. **Direito ambiental econômico**. São Paulo: Max Limonad, 1997.

FIORILLO, C. A. P. **Curso de direito ambiental brasileiro**. 19. ed. São Paulo: Saraiva, 2019.

FREITAS, V. P. de. **A Constituição Federal e a efetividade das normas ambientais**. São Paulo: Revista dos Tribunais, 2000.

GUERRA, S. C. S. **Direito internacional ambiental**. Rio de Janeiro: Maria Augusta Delgado, 2006.

HAECKEL, E. Generelle Morphologie der Organismen. In: MUKAI, T. **Direito ambiental sistematizado**. 2. ed. Rio de Janeiro: Forense, 1994.

KISS, A.; BEURIER, J-P. **Droit International de L'Environnement**. Paris: Pedonne, 1989.

LEITE, J. R. M.; BELLO FILHO, N. de B. **Direito ambiental contemporâneo**. Barueri: Manole, 2004.

LEUZINGUER, M. D.; CUREAU, S. **Direito ambiental**. Rio de Janeiro: Elsevier, 2008.

MACHADO, P. A. L. **Direito ambiental brasileiro**. 26. ed. São Paulo: Malheiros, 2018.

MCCORMICK, J. **Rumo ao paraíso**: a história do movimento ambientalista. Rio de Janeiro: Relume-Dumará, 1992.

MILARÉ, E. **Direito do ambiente**: doutrina, prática, jurisprudência, glossário. 2. ed. São Paulo: Revista dos Tribunais, 2001.

MILARÉ, E. **Direito do ambiente**. 11. ed. São Paulo: Revista dos Tribunais, 2018.

PETERS, E. L.; PIRES, P. de T. L. **Manual de direito ambiental**: doutrina, legislação e vocabulário. 2. ed. revista e atualizada. Curitiba: Juruá, 2002.

PRADO, L. R. **Curso de direito penal brasileiro**. 19. ed. São Paulo: GEN, 2021.

SILVA, J. A. da. **Direito ambiental constitucional**. 11. ed. São Paulo: Malheiros, 2019.

SILVA, R. T. **Manual de direito ambiental**. 5. ed. Salvador: Jus Podivm, 2015.

SIRVINSKAS, L. P. **Manual de direito ambiental**. 16. ed. São Paulo: Saraiva, 2018.

SOUSA, V. P. de. Geografia e meio ambiente: reflexões acerca das práticas socioculturais na concepção de sustentabilidade. **Diversidade e Gestão**, v. 1, n. 2, p. 178-188, 2017. Disponível em: <http://www.itr.ufrrj.br/diversidadeegestao/wp-content/uploads/2016/12/13.pdf>. Acesso em: 23 ago. 2021.

TRINDADE, A. A. C. **Direitos humanos e meio ambiente**: paralelo dos sistemas de proteção internacional. Porto Alegre: Fabris, 1993.

UNESCO — Organização das Nações Unidas para a Educação, a Ciência e a Cultura. **Convenção para a Protecção do Património Mundial, Cultural e Natural**. 1972. Disponível em: <https://whc.unesco.org/archive/convention-pt.pdf>. Acesso em: 23 ago. 2021.

UNESCO — Organização das Nações Unidas para a Educação, a Ciência e a Cultura. Patrimônio mundial natural e reservas da biosfera no Brasil. **Unesco.org**. Disponível em: <https://pt.unesco.org/fieldoffice/brasilia/expertise/natural-world-heritage>. Acesso em: 23 ago. 2021a.

UNESCO — Organização das Nações Unidas para a Educação, a Ciência e a Cultura. Patrimônio mundial no Brasil. **Unesco.org**. Disponível em: <https://pt.unesco.org/fieldoffice/brasilia/expertise/world-heritage-brazil>. Acesso em: 21 jun. 2021b.

Sobre a autora

Bettina Augusta Amorim Bulzico Battaglin é doutoranda em Direito das Relações Sociais, mestre em Direitos Fundamentais e Democracia e especialista em Direito Ambiental. Atualmente, é professora da Universidade Federal do Paraná (UFPR), do Centro Universitário Internacional Uninter e de diversos cursos de graduação, pós-graduação e extensão.

Os papéis utilizados neste livro, certificados por instituições ambientais competentes, são recicláveis, provenientes de fontes renováveis e, portanto, um meio responsável e natural de informação e conhecimento.

FSC
www.fsc.org
MISTO
Papel produzido a partir de fontes responsáveis
FSC® C103535

Impressão: Reproset
Setembro/2021